HISTOIRE

de

Notre-Dame de Quézac

au Diocèse de Mende

1903

HISTOIRE

de

NOTRE-DAME DE QUÉZAC

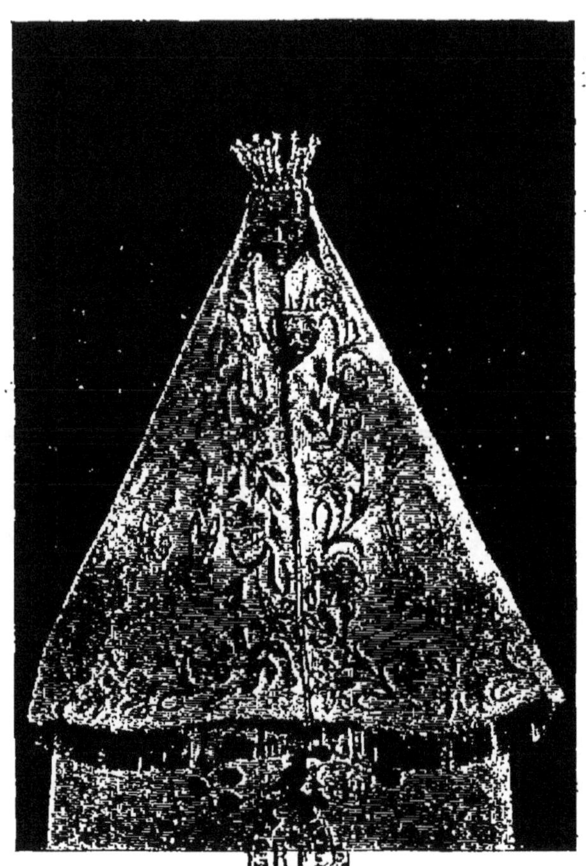

Notre-Dame de Quézac

HISTOIRE

DE

Notre-Dame de Quézac

au Diocèse de Mende

PAR

L'Abbé Albert SOLANET

Directeur au Grand-Séminaire de Mende

MENDE

IMPRIMERIE TYPOGRAPHIQUE C. PAUC

1903

DÉCLARATION

En rapportant. dans le cours de cette Histoire, d'après des traditions ou des témoignages contemporains qui nous ont paru dignes de foi, des faits extraordinaires attribués à la puissante intercession de Notre-Dame de Quézac, nous déclarons ne le faire qu'au sens et dans la mesure autorisés par les décrets du pape Urbain VIII.

ÉVÊCHÉ

DE MENDE

—

Mende, le 29 juin 1903.

(En la fête des Apôtres S. Pierre
et S. Paul)

Monsieur l'abbé,

Je me suis fait rendre compte de votre ouvrage sur Notre-Dame de Quézac, et le rappor-
teur a conclu à un jugement favorable à son
impression. En l'autorisant, je suis heureux de
joindre à mon approbation les éloges que méritent vos efforts pour vous rapprocher le plus
possible de la vérité historique, sans nuire aux
sentiments de piété que vous désirez ranimer
envers un des plus vénérables sanctuaires de
notre diocèse.

Je suis persuadé que vos lecteurs, aussi bien
ceux qui veulent s'instruire que ceux qui cher-
chent à s'édifier au contact des vieux souvenirs
de l'art et de la foi, vous sauront gré d'avoir
voulu, comme vous l'écrivez, « sauver de l'oubli
les précieux témoignages d'un passé qui ne fut
pas sans gloire ».

Je bénis vos généreuses intentions et je fais
les vœux les plus ardents pour la fortune de ce

livre, en souhaitant, avec vous, ainsi que vous le demandez à Notre-Dame de Quézac, qu'il contribue à ramener au bercail de l'Eglise catholique nos frères des Cévennes, pour qu'il n'y ait plus qu'un seul troupeau et un seul pasteur, *unum ovile et unus pastor*, comme je voudrais qu'il n'y eût dans notre chère patrie qu'un seul cœur et une seule âme, *cor unum et anima una*, pour se dévouer tous à la cause de la liberté et de la justice.

Agréez.....

† HENRI-LOUIS,
Evêque de Mende.

A NOTRE-DAME DE QUÉZAC

Vierge illustre et puissante, je vous en supplie, daignez agréer l'humble hommage de ce livre publié à votre louange. Il a été écrit pour rappeler les souvenirs glorieux de l'un de vos sanctuaires de prédilection, dans l'ancienne province du Languedoc. En lisant ce que fit pour votre église privilégiée un Pape Gévaudanais, le Bienheureux Urbain V, combien empressée y fut, dix siècles durant, la dévotion des pèlerins, de combien de faveurs souvent miraculeuses vous y avez été prodigue, les générations présentes sentiront, sans doute, redoubler envers vous leur confiance et leur amour.

Le dirai je ? En retrouvant, dans les monuments du passé, la trace des foules qui venaient en ce lieu béni, ma pensée, une pensée de fraternité patriotique et chrétienne, s'est reportée sur les Cévennes dont on voyait s'acheminer jadis, tandis qu'elles étaient encore éclairées de la vraie foi, de nombreux pèlerins aux sanctuaires de Notre-Dame de Quézac et de Notre-Dame de Valfrancesque (1).

Depuis le malheureux jour de leur désertion, ces frères séparés ont abandonné votre culte, ils ont

____

(1) Notre-Dame de Valfrancesque est, d'après la tradition, un sanctuaire édifié en l'honneur de la Très Sainte Vierge, dans le huitième siècle, par Roland, neveu de Charlemagne. Le pieux paladin avait voulu, par la construction de cet oratoire, remercier la Reine du Ciel d'une victoire remportée sur les Sarrazins. Ce sanctuaire devint un lieu de pèlerinage qui a subsisté jusqu'à la Révolution. Il sert aujourd'hui de temple protestant à la commune de Moissac.

cessé de vous connaître et de vous aimer. Mère toute miséricordieuse et toute puissante, pourquoi, en les ramenant à la Religion de leurs pères, ne leur réapprendriez vous pas à vous prier et à vous bénir! Ils sont vos fils, fils égarés il est vrai, mais d'autant plus dignes de votre pitié et de votre tendresse. Ne les laissez point dans la voie de l'erreur et de la perdition! Si, à un moment de fol emportement, quelques-uns de leurs ancêtres s'oublièrent jusqu'à profaner et détruire votre sanctuaire, la marque souveraine de l'amour d'une Mère n'est-elle pas de pardonner les outrages d'enfants aveugles et ingrats?

Dieu peut les éclairer et vous pouvez tout sur le cœur de Dieu. Notre-Dame de Quézac, priez pour la conversion des protestants des Cévennes!

L'abbé Albert SOLANET.

PRÉFACE

Pourquoi ce livre?

Ce livre a pour but de combler une lacune et de donner satisfaction à un besoin.

Deux monographies sur Notre-Dame de Quézac ont été écrites voilà bientôt un demi-siècle. L'une, historique et portant la signature de l'abbé Buisson, ancien curé du vénéré sanctuaire, (1) s'était attachée, après la tourmente révolutionnaire, à recueillir les traditions du passé. Basée sur le témoignage verbal de deux vénérables chanoines qui avaient lu les archives de l'ancienne Collégiale, vu de leurs yeux les splendeurs de l'antique sanctuaire, puis, aux mauvais jours, sa décadence, cette monographie préparait l'avenir en rappelant les gloires éclipsées.

L'autre monographie (2) est du baron de Chapelain qui, en sa qualité d'archéologue de valeur, après de sérieuses études sur le terrain, a consigné, en quelques brèves notes, des données architecturales précises sur le monument.

---

(1) *Notre-Dame de Quézac,* par J. B. X. Buisson, curé de Quézac (1857).

(2) *Notice sur le sanctuaire de Notre-Dame de Quézac,* au diocèse de Mende, par M. le baron de Chapelain, membre de l'Institut des Provinces, de la Société française d'archéologie et de plusieurs autres Sociétés savantes (1858).

Ces deux petites brochures sont aujourd'hui introuvables.

Nous avons voulu sauver de l'oubli ces précieux témoins d'un passé qui n'est pas sans gloire, et nous les avons mis en relief dans une trame historique éclairée de très nombreux documents et de pièces authentiques que nous avons tirés de diverses sources, surtout des archives départementales de la Lozère (1).

Pour qui ce livre ?

Il est d'abord à l'intention des pieux habitants de Quézac, enfants privilégiés de la gracieuse Reine de la vallée, les témoins vivants de ses bienfaits et les fidèles gardiens de son sanctuaire.

Il est à l'intention des riverains du Tarn et de tous les fidèles du diocèse de Mende qui, de temps immémorial, ont fait profession d'une confiance toute filiale pour leur toute puissante protectrice.

Ils seront heureux de retrouver dans cet écrit, comme un rayonnement de cet intense foyer de vie religieuse où leurs pères sont venus chercher consolation dans leurs épreuves, se réchauffer dans leur détresse, illuminer leur voie aux heures som-

____

(1) Le fonds de Quézac aux Archives départementales de la Lozère, contient 2 registres, 13 cahiers et 121 pièces. Nous devons de vifs remerciements à M. Charles Porée, ancien archiviste, pour la bienveillance avec laquelle il nous a ouvert les archives et prêté le concours de sa science paléographique, ainsi qu'au nouvel archiviste, M. Philippe.

bres de la vie. Ils y verront les foules priantes, en
tête à tête familial avec la bonne Mère ; ils y trou-
veront l'écho encore vibrant de leurs chants d'amour
et de reconnaissance, la foi indéfectible des aïeux,
les biens surnaturels, les trésors de grâce qu'ils ont
rapportés du sanctuaire de leur toute puissante
Patronne.

S'il faut dire toute notre pensée, nous avons songé
aussi à ces légions de touristes, d'année en année
plus nombreuses, qu'attirent les beautés pittores-
ques des Gorges du Tarn. Des écrivains patriotes,
dont les travaux sont aujourd'hui dans toutes les
mains, ont décrit les splendeurs de la célèbre vallée,
le Tarn au flot clair, la grâce capricieuse de ses
rives, la variété charmante tour à tour ou fulgu-
rante de ses paysages.

Parmi les voyageurs qu'attirent ces merveilles, il
y en a sans doute un bon nombre qui sont des nô-
tres, croyants comme nous, fils aimants de la Vierge
comme nous. A ces poursuivants des saines et délica-
tes émotions des spectacles de la nature, nous adres-
sons cette recommandation fraternelle : Ne passez pas,
fils de la Vierge, sans déposer vos vœux aux pieds
de la gracieuse Souveraine de la vallée. Vous allez
entrer dans son domaine ; son sanctuaire de Quézac
en ouvre les portes ; demain, sur le sommet chenu
de Fontaneilles, sa statue colossale en gardera
l'issue et de son geste bénissant sèmera au passage,
sur ses hôtes d'un jour, ses maternelles bénédictions. Ne passez pas sans aller dans son sanctuaire
lui donner un salut filial ; elle vous attend. Vous qui
n'avez jamais cru, vous qui avez désappris de
croire, fils du siècle. ou fugitifs de la maison de

votre Mère, elle vous attend aussi. Si votre cœur ne connaît pas, si vos lèvres ignorent les mots de caresses que les fils aimants murmurent à l'oreille des mères, ne lui refusez pas, ne vous refusez pas à vous-même un acte de respectueuse déférence. Elle vous le rendra au centuple. Son accueil amical ajoutera au plaisir que vous cherchez. Et peut-être, car elle a l'habitude de tenir son cœur ouvert aux moindres avances, peut-être ce simple hommage d'un acte de respect mondain, dont vous la faites débitrice, multiplié par ses largesses maternelles, deviendra pour vous l'éclair illuminateur qui fera le jour dans votre âme.

HISTOIRE

de

NOTRE-DAME DE QUÉZAC

CHAPITRE I

Quézac

La vallée de Quézac. — Le village. — La dévotion des
habitants pour Notre-Dame de Quézac. — Priére à la
Madone.

Ce petit livre étant dédié à la gloire de la Très
Sainte Mère de Dieu et son but de faire connaître et
de vulgariser les merveilles de grâces par elle opérées, le long des siècles, dans son antique sanctuaire de Quézac, la nature même de notre sujet
demande que nous mettions en tête de ces courtes
pages, quelques notes descriptives sommaires des
lieux privilégiés où la gracieuse Souveraine de la
vallée a posé son trône.

Au débouché des steppes désertiques du Causse
de Sauveterre, quand le voyageur touche le bord
des Gorges du Tarn et voit s'ouvrir sous ses pas,
en abîme, la gigantesque découpure, il est soudainement saisi d'une impression fascinatrice mêlée
d'admiration et d'étonnement devant le grandiose
spectacle qui se déroule à ses regards.

Il laisse derrière lui, le long du chemin péniblement parcouru, le plateau désolé, aux ondulations

uniformes comme une mer apaisée, où le flot semblable au flot s'affaisse humilié et repose. C'est la monotonie, l'immobilité, l'ennui morose et lourd.

Tout à coup la scène change ; un monde nouveau se révèle, étrange, fantastique, attirant par l'imprévu et la variété de ses formes et son exubérance de vie et de mouvement.

A gauche, à l'arrière-plan, les sommets lointains du mont Lozère ; plus près, rangés en groupes tumultueux, des pics indépendants et rébarbatifs aux cimes altières et diverses, arrondies, escarpées, multiformes. Sur leurs flancs décharnés par les érosions, s'étalent échelonnées depuis les masses compactes des terrains plutoniens jusqu'aux strates supérieures des terrains secondaires, les multiples couches géologiques qui composent leur ossature. Dans l'entremêlement, la fissure du Tarnon se laisse soupçonner et le Tarn creuse péniblement son ornière géante.

A droite, le regard plonge dans l'abîme, aux profondeurs légèrement atténuées par la distance. Le Tarn en occupe le fonds. Du cours capricieux de la rivière le regard remonte les déclivités des montagnes, ici écorchées au vif par les torrents, là craquelées, déchiquetées, croulantes, hérissées de promontoires et de projections menaçantes. Plus loin, dans ce coin plus reposé, le village de Montbrun s'accroche à mi-pente ; plus loin, à la ligne d'horizon, les massifs imposants de Chaldas et de Serre-Gros ; au-delà dans le lointain, émergentes dans la brume, les cimes bleuâtres du mont Aigoual.

Nous descendons. Maintenant à chaque pas la double pente s'entrouvre comme les feuillets d'un livre. Le contrefort du Causse Méjean, tout à l'heure de niveau avec notre point d'observation, se dresse maintenant en face, grandit, s'élève, nous domine. Regardez à ses pieds. Ils reposent sur une oasis de verdure. Au-dessus, la stérilité morne, l'horrible, le désarroi infécond et chaotique ; ici, la vie, la paix, le recueillement, la fécondité souriante, la grâce ordonnée, épanouie, qui sollicite le regard et charme le cœur.

Le sol verdoie, la terre fleurit, la moisson jaunit la plaine, la vigne capricieuse étale ses pampres à l'abri du vieux mur, et mûrit au soleil de septembre ses grappes vermeilles.

C'est là, sur la rive gauche du Tarn, dans ce coin de terre privilégiée, à l'abri des ombrages dont la fraîcheur attire le passant et impose une halte au voyageur, c'est là, sur ces rives fortunées, enrichies de tous les dons de la nature, au bord de la stérilité ambiante, c'est là que la douce Reine de la vallée a choisi sa demeure et posé son trône.

Oh ! son domaine ne s'étend pas bien au large. Du pont antique dont le Tarn secoue et ronge les vieilles assises et ensable la fontaine d'eau minérale qui sourd à l'abri de la culée, l'étroite langue de terre resserrée par le mont jaloux, jusqu'au point de la rive où le désert reprend ses droits, mesure deux mille pas à peine.

Dans ce nid de verdure, les maisons du village s'alignent le long de l'unique rue, se groupent et se pressent pour économiser l'espace, et de droite et de gauche entourent le sanctuaire vénéré de leur pression amicale et de leurs caresses.

Comme les poussins vont à leur mère ces modestes demeures sont venues, une à une, le long des âges, sollicitées par cette attirance, pour se sentir plus près d'elle, mettre leur destinée et leurs espérances, sous l'aile maternelle de la gracieuse Souveraine de la vallée.

Au milieu du groupe démonstratif et filial, la vieille église, la mère, étend son ombre protectrice, et comme un index qui marque la route à tous ces clients bien aimés, de sa flèche aérienne, montre le ciel.

De quoi donc sont faits ces rapports d'intimité familiale entre les protégés et leur suzeraine ? A quelle cause, à quel charme mystérieux, au milieu des versatilités des choses d'ici-bas, est due cette fidélité sans mesure ? Pourquoi, aussi longtemps qu'on peut remonter dans le passé, au témoignage des vieilles chartes concordant avec les traditions orales, pourquoi, les générations sont-elles venues, à genoux devant l'image vénérée de la Madone, baiser le pavé de son temple, confier à son cœur maternel lenrs joies et leurs peines et déposer à ses pieds le tribut filial de leur vénération et de leur amour ?

Quelle source intarissable de bienfaits a inspiré ce chant d'amour qui ne se tait jamais, et fait jaillir de toutes les âmes, ce long cri de reconnaissance ! Les riverains le savent bien.

Ils vous diront que le premier mot que leur mère ait mis sur leurs lèvres, c'est le nom de la Madone ; que leur première prière a été pour elle ; que leurs premiers pas se sont essayés sur le chemin de son sanctuaire, parce qu'elle est bonne, parce que son sourire remplit de tendresse les cœurs qui l'aiment, parce qu'elle a des caresses qui charment la douleur des mères et sèchent les larmes des enfants, parce qu'elle bénit, parce qu'elle console, parce que son oreille est toujours ouverte aux suppliants et ses mains aux malheureux, parce qu'elle donne toujours et toujours, parce que tous les trésors du ciel et de la terre sont en elle puisqu'elle donne Jésus.

Ces concerts de louanges et de bénédictions ont retenti dans les temps lointains : les aïeux les ont répétés à tous les échos de la vallée. Les générations présentes, avec le même élan, redisent l'hymne de reconnaissance : les pères et les mères, les familles, les hameaux, les modestes villages et les coquettes petites villes, que le Tarn baigne de ses eaux, depuis Florac et Sainte-Enimie, et au-delà, se réclament de la protection de Notre-Dame de Quézac. C'est son nom qui vient sur leurs lèvres dans leurs épreuves, c'est vers elle que monte leur appel, quand les intempéries des saisons menacent les champs de stérilité, quand la maladie frappe à leur porte, quand le deuil s'est assis à leur foyer, quand les contagions meurtrières promènent la désolation et la mort dans les campagnes, c'est vers Notre-Dame de Quézac, vers la gracieuse dispensatrice de tout bien que monte leur cri d'alarme résigné et leur ardente supplication.

Très douce Souveraine de nos âmes, gardienne vigilante de nos maisons et de nos champs, de nos vies et de l'honneur chrétien de nos familles,

Notre-Dame de Quézac, au nom de votre divin Fils et par votre Cœur immaculé, nous vous le demandons à genoux, à tant de faveurs ajoutez une faveur nouvelle, défendez vos serviteurs de la contagion du siècle, ne permettez pas que l'âme innocente de nos enfants soit livrée à la rage de nos ennemis qui sont aussi les vôtres, déjouez leurs complots, réduisez à l'impuissance la perversité de leurs desseins. Cette terre conquise par vos bienfaits est vôtre; nos cœurs sont vôtres; vous ne pouvez pas sans préjudice de votre gloire tolérer l'invasion de vos domaines par l'impiété au cœur sec, aux doctrines dévastatrices. Rendez-nous meilleurs, conservez-nous fidèles et dignes de vous; et que les liens d'amour, consacrés par les âges, qui unissent nos cœurs à votre cœur maternel, malgré les efforts des impies, par la volonté souveraine de notre Mère accueillant nos saints désirs, demeurent éternellement.

CHAPITRE II

Origine de la dévotion
à Notre - Dame de Quézac

Antique renommée de cette dévotion. — Son origine
d'après la tradition. — Marques d'authenticité de ce
récit. — Constance de la tradition. — Conjécture sur
la première origine de la statue.

La dévotion à Notre-Dame de Quézac, au diocèse
de Mende, est une dévotion ancienne et renommée.
L'histoire que nous écrivons en fournira les preuves.

Nous verrons, vers la fin du quatorzième siècle,
Benoît XIII, tandis qu'il retenait une partie du
monde catholique sous son obédience, accorder des
indulgences pour la construction du pont de Quézac
« afin de faciliter aux fidèles l'accès de ce sanctuaire vénéré. » Un acte notarié du commencement
du seizième siècle mentionnera la grande affluence
des pèlerins attirés en ce lieu par des miracles presque quotidiens. L'hérésiarque Théodore de Bèze,
dans un passage cité de son Histoire des Eglises
Réformées, écrira qu'à l'église de Quézac, dans le
Gévaudan, fût brûlée une image de Notre-Dame fort
renommée. Dans le dix-septième siècle, un règlement de l'Evêque, Mgr de Marcillac, ordonnera que
tous les jours un chanoine se tiendra près d'une
table à la porte de l'église pour recevoir les offrandes des pèlerins et consigner les faveurs miraculeuses obtenues : « n'étant pas raisonnable que les
hommes taisent en particulier les merveilles de
Dieu, opérées par l'intercession de sa Mère. »

Nous ne poursuivrons pas plus loin la liste de ces témoignages. Il nous suffira d'ajouter que les pèlerins venaient non seulement du Gévaudan, (1) mais de tout le Languedoc, même de l'Espagne. Il est donc hors de doute que la Mère de Dieu a, depuis de longs siècles, fait de l'église de Quézac, l'un de ses lieux de prédilection, l'un de ces sanctuaires où elle se plaît à répandre des faveurs signalées.

Mais comment la Très Sainte Vierge a-t-elle manifesté qu'elle voulait fixer là l'un de ses sanctuaires de choix? Comment a pris naissance la dévotion à Notre-Dame de Quézac?

Souvent ce sont des faits miraculeux qui marquent l'élection des lieux où Marie veut attirer les foules. C'est par ce moyen que, dans ces derniers temps, elle a montré aux pèlerins le chemin de la Salette et de Lourdes. A-t-elle agi de même pour Quézac? La dévotion à ce sanctuaire a-t-elle eu pour origine un signe miraculeux? Nous n'avons, pour nous renseigner sur ce point, que la tradition. Or, celle-ci donne à la dévotion à Notre-Dame de Quézac une origine miraculeuse. Voici comment la raconte le pieux historien de Notre-Dame de Quézac, l'abbé Buisson qui l'avait entendue de deux chanoines de l'ancienne collégiale. Dans la première moitié du onzième siècle, vivait à Quézac un cultivateur du nom de Jacques Deleuze. Un jour qu'il labourait son champ, il n'est pas peu surpris de voir tout-à-coup ses bœufs s'arrêter, et refuser obstiné-

____

(1) C'est le nom que portait, avant la Révolution, le territoire qui forme aujourd'hui le département de la Lozère.

ment d'avancer. Il les ramène en arrière, leur fait
tracer un nouveau sillon. Arrivés au même point,
encore les bœufs s'arrêtent et rien ne peut les faire
aller plus avant. Le cultivateur frappé de cet évènement en parla au Curé et aux notables de l'endroit. On décida de creuser le sol au lieu marqué,
ce qui amena la découverte d'une statue de la Très
Sainte Vierge. L'image aussitôt vénérée fut portée
solennellement dans l'église paroissiale. Le lendemain, la statue n'y était plus. Elle était retournée à
l'endroit même où on l'avait découverte la veille.
Replacée une seconde fois dans l'église paroissiale
elle la quitta encore pour revenir au lieu de son
invention. Les habitants virent là un signe que
Marie voulait être honorée au lieu même où s'était
manifestée son image. Ils y bâtirent une église qui
fut dédiée à la Très Sainte Vierge, sous le vocable
de sa Nativité. La statue miraculeuse y fut placée
sur le maître-autel. (1) L'église fut consacrée, en
1052, par l'Evêque de Mende, Aldebert Ier de Peyre
et devint l'église paroissiale. Le peuple chrétien,
attiré par sa merveilleuse origine, y accourut en
foule. La Mère de Dieu s'y montra prodigue de
grâces signalées, Ainsi commença entre Notre-Dame
de Quézac et ses pèlerins cet échange de faveurs et
de prières, d'amour et de vive confiance qui rendit
ce sanctuaire célèbre entre les lieux de pèlerinage.

Telle est la tradition. Quelle est sa valeur? Est-elle
digne de foi?

La tradition que nous venons de rapporter pré-

---

(1) Celui-ci aurait été dressé juste au point de la merveilleuse découverte.

sente. en elle-même, des marques d'authenticité. Elle a conservé, à travers les siècles, avec une persistance qui étonnerait s'il ne s'agissait pas d'un évènement important, le nom et le prénom du laboureur qui fut l'acteur principal. En l'an 1052, c'était bien Aldebert Ier de Peyre qui occupait le siège épiscopal de Mende. La liste chronologique des Evêques de Mende publiée par l'ordo du diocèse le fait succéder en 1050 à l'Evêque Raymond et il retint la houlette partorale de saint Privat jusqu'en l'année 1095. Mais c'est surtout la manière dont il nous est parvenu qui donne au récit de la tradition une grande autorité. L'abbé Buisson, dans une lettre écrite, le 24 octobre 1856, à Mgr Foulquier, Evêque de Mende (1) déclare avoir entendu souvent de l'abbé Louis Cruveiller, ancien chanoine de Quézac « ce qu'il avait lu dans les vieilles archives du Chapitre (2) touchant les prodiges de son invention et de son déplacement ». De même, l'abbé Grégoire, encore ancien chanoine de Quézac, « avait, dit la même lettre, vu les archives et en avait lu assez pour rendre témoignage de la vérité de l'invention miraculeuse de l'illustre Madone, et d'un grand nombre de miracles opérés par elle en faveur de ceux qui mettaient en elle toute leur confiance » (3).

---

(1) Cette lettre est conservée dans les Archives de la Cure de Quézac.

(2) Archives de la Collégiale avant la Révolution.

(3) L'abbé Louis Cruveiller, ancien chanoine de Quézac, fut, après la Révolution, curé de Sainte-Hélène, paroisse d'origine de l'abbé Buisson où celui-ci, encore étudiant ecclésiastique, l'avait longtemps connu. L'abbé Grégoire, aussi ancien chanoine de Quézac, fut, après la Révolution, vicaire à Ispagnac où l'abbé Buisson devint quelque temps son collègue.

Le récit tel que nous l'avons rapporté est donc bien celui qui avait cours parmi les chanoines de l'ancienne Collégiale et qui était consigné dans ses archives, au moment de la Révolution. La fondation de la Collégiale remonte jusqu'en 1365. Si l'on fait attention, que depuis cette date lointaine jusqu'à la Révolution, la Collégiale n'a pas cessé d'exister, que les chanoines qui la composaient étaient remplacés au fur et à mesure des vacances, qu'ils ont ainsi formé une trame ininterrompue de témoins allant jusqu'à la fin du quatorzième siècle, qu'ils se seront fait un devoir grave de conscience de garder intacte la tradition sur les origines du célèbre pèlerinage, on sera amené à conclure que la tradition telle que nous l'avons encore est celle-là même qui était connue à la fin du quatorzième siècle. Or, trois cents ans seulement séparaient cette époque du onzième siècle où eut lieu l'invention miraculeuse. La tradition, recueillie par la Collégiale en 1365, lui était parvenue par la série ininterrompue des prieurs (curés) de la paroisse eux aussi attentifs à ne pas laisser altérer la vérité. Celle-ci avait, d'ailleurs, très probablement gardé, durant cet intervalle, sa forme circonstanciée et précise par des actes écrits conservés dans les archives du prieuré. On ne peut donc, légitimement, refuser d'admettre que le récit de la tradition sur l'origine de la dévotion à Notre-Dame de Quézac, ne mérite crédit. (1)

---

(1) La tradition place l'ancienne église paroissiale de Quézac à Javillet, qu'on écrit encore Jabillet ou Jobillet. Cet endroit est à quelques centaines de mètres de Quézac sur le flanc du Causse Méjean. Une note des Archives départementales (G. 2241) mentionne l'existence, en 1383, d'une cha-

Comment la statue aura-t-elle été placée au lieu de sa découverte? Aura-t-elle été déposée miraculeusement là où elle fut miraculeusement trouvée? Y aura-t-elle été plutôt mise par une main pieuse pour la dérober à la profanation de barbares envahisseurs? La tradition est muette sur ce point. On ne peut donc là-dessus se livrer qu'à des conjectures. Disons toutefois que la période troublée dans l'histoire de notre pays, qui a précédé l'invention miraculeuse de la statue rendrait plausible la seconde hypothèse.

« A une époque indéterminée, écrit l'auteur des *Gorges du Tarn illustrées*, entre le huitième et le dixième siècle, dans cette période de fer qui concorde avec les invasions des Musulmans d'Espagne dans la Gaule méridionale, nous constatons dans notre pays un universel effondrement: les institutions, les monuments, les monastères disparaissent, la vie du peuple est suspendue. (1) » L'*Histoire gé-*

---

pelle de Javillet sur laquelle les chanoines de Quézac avaient droit de patronage. On voit aujourd'hui encore les murs de cet édifice religieux soutenus par des contreforts avec l'emplacement bien marqué de l'autel. Au mois d'avril 1902, nous avons trouvé, dans une construction d'à côté servant d'écurie, une ancienne piscine creusée dans un gros bloc calcaire, qui avait la forme d'une piscine baptismale. C'était là, évidemment, encore un reste de l'ancienne église ou chapelle.

Entre Quézac et Javillet, est une pièce de terre que les gens du pays désignent sous le nom de cémentéri (cimetière) où sont, en effet, contenus des ossements humains et qui paraît être l'ancien cimetière de la paroisse.

(1) Les *Gorges du Tarn illustrées*, par l'abbé Solanet, chanoine, directeur de la Semaine religieuse du diocèse de Mende, lauréat de l'Académie française (1894), page 53.

nérale du Languedoc par les Bénédictins de Vic
et Vaissette nous apprend (1) que « la province du
Languedoc fut envahie en l'an 924 par les Hongrois ». Venus d'Italie, ces Barbares traversèrent
les Alpes, passèrent le Rhône et portèrent le fer et
le feu jusqu'aux portes de Toulouse. De leur côté,
« les Sarrazins s'étaient fortifiés dans les montagnes de Provence d'où ils commettaient une infinité
de désordres (2) ». Plus loin, on lit encore « les
différentes guerres qui avaient agité le royaume,
mais surtout l'invasion des biens ecclésiastiques
par les séculiers, causèrent la ruine ou la décadence
de plusieurs églises ou monastères, au milieu du
dixième siècle. Celui de Sainte-Enimie, dans le
Gévaudan, entr'autres, se trouvait alors dans une
extrême désolation (3) ». Enfin, nous savons que
dans le douzième siècle, sous l'épiscopat d'Aldebert
III, dit le Vénérable, le creusement d'un puits
amena la découverte, dans le jardin de l'Evêché, de
plusieurs cryptes pleines de reliques. Parmi elles,
furent reconnus le corps de saint Privat, (4) des reliques de plusieurs Saints Innocents, de saint Julien
et de ses compagnons martyrs, de sainte Thècle.
Une ancienne église dédiée à cette sainte, avait été
détruite, croit l'abbé Charbonnel (5), par les Arabes.

---

(1) Tome III.
(2) *Histoire générale du Languedoc*, tome III.
(3) *Ibidem*, tome III, page 38.
(4) En 1036, l'évêque Raymond porta au Puy la mâchoire inférieure du saint Martyr, seule relique à ce moment conservée et vénérée.
(5) L'abbé Jérôme Charbonnel a publié sur l'église de Mende, ses dévotions, ses saints, divers travaux où se révèlent avec une vaste érudition une critique judicieuse et de solides qualités de style. Mentionnons: *Origine et histoire abrégée de l'église de Mende. — Vie du B. Urbain V.*

La période qui précéda l'invention de la statue de Notre-Dame de Quézac fut donc, pour le Languedoc et le Gévaudan, une période de désolation et de ruines. Des monastères, notamment celui de Sainte-Enimie, avaient été ravagés. Des églises avaient été détruites. Les reliques de l'église de Mende avaient été ensevelies sous des ruines. N'est-il pas vraisemblable que Quézac, peu éloigné de Sainte-Enimie et de Mende, n'aura pas échappé à ces barbares destructions, que son église aura été pillée, sinon détruite. Peut-être qu'une main pieuse aura, pour la soustraire à toute profanation, dérobé la statue de la Très Sainte Vierge qui ornait son autel. Le secret discrètement gardé, emporté dans la tombe, aura laissé ignorer le lieu de ce dévot recel jusqu'au jour où le Ciel lui-même en révéla l'existence de la façon miraculeuse que nous avons racontée. Ce n'est là, il est vrai, qu'une conjecture dont l'incertitude n'atteint, d'ailleurs, aucunement la constance et la valeur de la tradition sur l'invention miraculeuse de la statue vénérée.

CHAPITRE III

Fondation de la Collégiale
(1365)

Derniers prieurs de Quézac. — Le Bienheureux Urbain V. — Bulle de fondation. — Nomination des premiers chanoines. — Confirmation des statuts. — Le collège et ses fortifications.

Au moment où le B. Urbain V érigea le prieuré de Quézac en église collégiale, ce bénéfice était richement doté. Nous en trouvons la preuve dans la Bulle de fondation. Celle-ci déclare « que l'église paroissiale de Quézac a de si nombreux revenus que le nombre des ministres peut y être facilement augmenté. » Un autre indice c'est l'élévation à l'épiscopat, dans le quatorzième siècle, des derniers prieurs de Quézac. Les deux premiers furent faits évêques par Jean XXII (1). Ayméric (2)... prieur de l'église de Notre-Dame de Quézac, diocèse de Mende, est nommé, par ce Pape, évêque de Ravenne, et Géraud de Pristine, prieur de la même église, évêque d'Agde. Sous le Pontificat de Benoît XII (3), un troisième prieur de Quézac, Bernard..., est promu à l'évêché d'Albi. Ces nominations prouvent qu'au quatorzième siècle l'église de

---

(1) Archives du Vatican : pontificat de Jean XXII (1316-1334).

(2) Le nom de baptême est le seul mentionné dans l'acte de nomination.

(3) Archives du Vatican : pontificat de Benoît XII (1336-1342).

Quézac était assez largement dotée pour que la
qualité de prieur y fut donnée à des prêtres que
leur talent et leur mérite rendaient dignes de l'épiscopat. Il y a, dans cette richesse, une marque de
l'antiquité et de la renommée de ce lieu de dévotion.
Rien autre que la piété confiante des fidèles envers
la Madone vénérée n'avait pu attirer une pareille
abondance de dons sur un prieuré bien moins important que d'autres prieurés du voisinage. Or,
comme le remarque le baron de Chapelain (1),
« l'aumône du pèlerin est trop minime pour qu'il
ne faille pas en accumuler beaucoup, et pendant
longtemps, pour arriver à une si riche dotation. »

La piété du peuple chrétien avait donc été magnifique envers Notre-Dame de Quézac. Par ses
généreuses et constantes offrandes, elle avait permis
d'entourer de splendeur l'image et l'église de la
célèbre Madone. Quelque chose lui manquait encore : la continuité de la prière liturgique et la
pompe de ses cérémonies. Un fils du diocèse de
Mende, que l'Eglise devait inscrire parmi les Bienheureux, élevé, en 1362, à l'honneur du suprême
Pontificat, allait la lui donner par la fondation d'une
Collégiale.

Le Bienheureux Urbain V était issu d'une des
plus nobles familles de la contrée. Son père, Guillaume de Grimoard, était seigneur de Grisac (2) de
Bellegarde (3) et de Montbel. Sa mère était une

---

(1) *Notice sur le sanctuaire de Notre-Dame de Quézac.*

(2) Grisac est un hameau peu distant de Pont-de-Mon-
vert (Lozère).

(3) Le château de Bellegarde était situé dans la paroisse
de St-Privat-de-Vallongue.

Amphelise de Montferrand. Le noble enfant fut baptisé dans l'église de Bédouès (1). Il reçut au baptême le nom de son père, Guillaume.

Dès ses plus tendres années, imitant les exemples de son vertueux père et de sa pieuse mère, il laissa apparaître ce qu'il serait plus tard. Sa mère lui disait souvent: « Mon fils, je ne vous comprends pas, Dieu vous connaît et sait ce qu'il veut faire de vous. » (2).

Le jeune Guillaume montra de bonne heure des goûts sérieux et une vive intelligence. Il fit de brillantes études à Montpellier et à Toulouse; après lesquelles, renonçant aux avantages que lui faisaient espérer, dans le monde, son illustre naissance et ses heureuses qualités, il alla demander à son oncle paternel, prieur du monastère de Chirac, (3) l'habit de S. Benoît. Il y fit sa profession religieuse et y reçut les ordres sacrés. Ses supérieurs l'envoyèrent à Montpellier pour y suivre des Cours de théologie et de droit canon. Quand il eut terminé ces hautes études, il professa avec éclat le droit, d'abord à Montpellier, puis à Toulouse, à Paris,

---

(1) Grisac, au moment où naquit le B. Urbain V, dépendait de l'église paroissiale de Bédoués.

(2) Ces paroles sont rapportées dans le procès d'information sur la vie et les miracles du B. Urbain V, intruit sous Clément VII, pape d'Avignon, 1378-1394. Voir les documents sur le B. Urbain V, recueillis par le chanoine Albanès et publiés par le chanoine Ulysse Chevalier, correspondant de l'Institut, 1897, librairie Picard, 82, rue Bonaparte, Paris.

(3) Autour de ce monastère se sont groupées quelques maisons qui ont formé, à côté de Chirac, le village du Monastier (Lozère). Des parties de l'ancien monastère sont encore debout.

enfin à Avignon, où l'appela le pape Clément VI. Chargé par le Souverain Pontife de plusieurs missions importantes, nommé abbé de Saint-Germain d'Auxerre, puis de Saint-Victor de Marseille, d'où dépendait le monastère de Chirac, il fut élu Pape à la mort d'Innocent VI.

Elevé sur la chaire de S. Pierre, le Bienheureux Urbain V tourna l'un des regards de sa sollicitude, ici filiale plutôt que pastorale, vers Notre-Dame de Quézac. Le village où il était né, Grisac, faisait, à cette époque, partie de la paroisse de Bédouès (1). Sa famille possédait, dans cette dernière localité, un château où elle établissait temporairement sa résidence (2). Or Bédouès n'est distant de Quézac que d'une dizaine de kilomètres. Nul doute, qu'au temps de son adolescence, le Bienheureux n'ait dirigé plus d'une fois ses pas de pèlerin vers le sanctuaire célèbre. Est-il téméraire de penser qu'avant de s'arracher à une famille tendrement aimée et rompre les chaînes dorées qui l'attachaient au monde pour s'enfermer dans le cloître, il sera venu, dans un dernier pélerinage auprès de la puis-

---

(1) Le B. Urbain V érigea Grisac en église paroissiale pour faciliter aux habitants l'accomplissement de leurs devoirs religieux.

(2) Ce château lui fut laissé par son père en apanage avec toutes ses dépendances. Le Bienheureux y fit, d'après le procès d'information mentionné plus haut, construire une église et y fonda une collégiale composée de six chanoines. Ceux-ci furent dotés avec ses biens paternels et eurent la charge de prier pour sa famille dont la sépulture était en ce lieu. A partir de cette fondation, les fonctions curiales furent exercées à Bédouès, par un membre de la Collégiale. Cet état de choses dura jusqu'à la Révolution de 1789.

sante Madone, chercher la force de consommer son sacrifice. En fondant la collégiale de Quézac, le B. Urbain V voulut donc acquitter une dette de reconnaissance, en même temps que donner une marque de sa prédilection à son diocèse d'origine.

Avant de procéder à cet établissement, il fallait obtenir le désistement du prieur alors en possession du bénéfice. Bertrand de la Motte, titulaire du prieuré de Quézac, fit cette renonciation par l'entremise de noble Gualbert du Bougès, résidant à Avignon. Elle fut reçue, au nom du Pape, par Gilles cardinal-prêtre, du titre de St-Martin-des-Monts.

Cet obstacle levé, le saint Pontife donna la Bulle de fondation. (1) Elle est datée du 13 des calendes de mai (19 avril) 1365, la troisième année de son Pontificat. En voici, traduits en français, les considérants et les dispositions importantes.

« Urbain Evêque, serviteur des serviteurs de Dieu, pour que mémoire perpétuelle en soit gardée.

« Nous nous appliquons avec zèle à tout ce qui peut faire croître le culte divin, et nous y employons les soins opportuns et notre diligence autant qu'il nous est donné d'En-Haut.

« Considérant que l'église paroissiale du prieuré de Notre-Dame de Quézac, diocèse de Mende, jusqu'ici conférée à un prieur, où le ministère était exercé par un vicaire perpétuel, a de *si nombreux revenus que le nombre de ministres peut y être facilement augmenté.*

« Pour ce motif et pour d'autres, certains, pieux

____

(1) Il existe une copie de cette Bulle et des deux Bulles suivantes aux Archives départem. de la Lozère. Série G. 2.224.

et raisonnables, Nous érigeons en Collégiale, en vertu de notre autorité apostolique, cette église devenue vacante auprès du Saint-Siège par la libre résignation de notre cher fils Bertrand de la Motte, recteur du dit prieuré de Quézac...

« Nous y établissons huit clercs séculiers, dont l'un sera doyen et la tête de l'église collégiale, un autre sacristain, les six autres chanoines. Ils seront prêtres ou en âge de le devenir dans l'année qui suivra leur nomination. Si, tout empêchement légitime enlevé, ils n'ont pas été promus au sacerdoce dans le délai d'un an, ils seront, par ce seul fait privés de leurs bénéfices.

« Nous les instituons en chapitre, décrétant que, dans cette église, soient établis et reconnus la dignité de doyen et l'office de sacristain, que le doyen ait charge d'âmes sur les membres de la collégiale et les gouverne, que le sacristain ait les mêmes devoirs sur les fidèles de la paroisse, que le sacristain, les chanoines et le doyen, une fois nommés s'acquittent des obligations de toute collégiale qu'ils en aient les droits...

« Outre le nombre que nous venons de déterminer, il y aura perpétuellement, dans la dite église un diacre et un sous-diacre qui y exerceront les fonctions de leur ordre et qui, s'ils en sont dignes, seront choisis pour les canonicats devenus vacants.

« Nous réglons et ordonnons encore que les membres du chapitre, le diacre et le sous-diacre et leurs successeurs nommés, cette première fois seulement par nous, célèbrent la messe solennelle, chantent l'office du jour et de la nuit, selon la coutume et le rite de l'église de Mende...

« Lorsque, après notre premier choix, la dignité de doyen, la charge de sacristain, les prébendes des chanoines, les offices de diacre et de sous-diacre viendront à vaquer, la nomination aux emplois vacants appartiendra aux autres membres du Chapitre et la confirmation à notre cher fils le prieur du prieuré d'Ispagnac (1) de l'ordre de S. Benoît, sous cette réserve que nul ne soit choisi pour aucun des emplois susdits s'il n'est originaire de la ville ou du diocèse de Mende.

« Nous décrétons que tous les membres de la collégiale et toutes les personnes attachées à l'église quelles qu'elles soient, vivent en communauté, perçoivent en commun les revenus et offrandes. Ce qui restera, après qu'il aura été pourvu à la nourriture et aux besoins de tous, sera partagé entre chaque personne pour être appliqué à son propre usage.

« Nous assignons, à perpétuité, en dotation à la Collégiale, le prieuré de la dite église paroissiale avec tous ses droits et biens.

« Et comme les facultés de cette église ne pourraient suffire à toutes les charges, nous lui adjoignons le prieuré de St-Etienne-du-Valdonnez, (2) du même diocèse. Le doyen et les membres du Chapître, en prendront possession, en donnant toutefois satisfaction aux droits du vicaire perpétuel qui administre présentement cette église.

« Il ne sera permis à personne de détruire cette

-----

(1) Le prieur d'Ispagnac reçut, à ce titre, une redevance du Chapitre ; une quittance de 1699 porte qu'à cette date elle était de 2 setiers de seigle et de 7 livres 11 sols. (G. 2.239)

(2) Cette union ne devint effective que plus d'un siècle après la fondation de la Collégiale.

Bulle de notre érection, ou d'oser témérairement y contredire. Si quelqu'un le tentait, qu'il sache qu'il encourra l'indignation du Dieu Tout-Puissant et de ses apôtres Pierre et Paul.

« Donné à Avignon (1), le 13 des calendes de mai (19 avril) 1365.

Après avoir déterminé les conditions de l'établissement de la nouvelle Collégiale (2) le Bienheureux Urbain V donna, par une seconde Bulle, à Gaucelme Coquard, du Puy, pouvoir d'en nommer les premiers chanoines...

« Urbain Evêque, serviteur des serviteurs de Dieu, à notre cher fils Gaucelme Coquard du Puy, notre ami, salut et bénédiction apostolique. Il y a peu de temps, pour faire croître le culte divin, Nous avons érigé, par notre autorité apostolique, l'église de Quézac, diocèse de Mende, en Collégiale.....

« Nous avons déterminé que le doyen, le sacristain et les autres, seraient natifs du dit diocèse et, pour cette première fois, Nous avons voulu les choi-

---

(1) Le B. pape Urbain V a résidé à Avignon les premières années de son pontificat. Il partit ensuite pour Rome d'où il revint à Avignon où il mourut.

(2) Le bienheureux Pontife enrichit aussi l'église de Quézac d'un reliquaire en vermeil contenant l'un des cheveux de la Très Sainte Vierge.

« Ecclesiis Urbis omnia prædicta distribuit, excepto capite beati Blasii martyris et quibusdam aliis reliquiis diversorum sanctorum quas ad suam Mimatensem ecclesiam destinavit; et, excepto uno capillo Beatæ Mariæ Virginis, quem solemniter in auro et argento recludi fecit, et cum una cruce cristallina ad ecclesiam Beatæ Mariæ de Quezaco, Mimatensis diœcesis... » *Procès d'information sur la vie et les miracles du B. Urbain V.*

sir et les nommer Nous-même. N'ayant fait encore aucun choix, connaissant, par un commerce familier, votre prudence et votre fidélité, ayant en vous confiance dans le Seigneur, Nous vous déléguons le pouvoir de conférer, pour cette première fois, la dignité de doyen, l'office de sacristain, les canonicats et les autres bénéfices de cette église avec tous ses droits et ses revenus à des personnes aptes, originaires du diocèse, que vous choisirez selon votre sagesse.

« Vous les mettrez, en vertu de notre autorité, par vous ou par d'autres, eux ou leurs procureurs, en possession corporelle de la dignité de doyen, de l'office de sacristain, des canonicats et des bénéfices susdits, de leurs droits et revenus..... »

Cette seconde Bulle était du 7 des ides de septembre (7 septembre) 1365. Gaucelme Coquard, usant des pouvoirs qui lui étaient délégués, nomma les premiers membres du nouveau Chapitre. Peu de temps après, il reçut du Bienheureux Pontife, commission de dresser les statuts de la nouvelle Collégiale. Ceux-ci, que nous ferons connaître au chapitre suivant, furent confirmés par une troisième Bulle du 6 des calendes d'août (27 juillet) 1366.

« Urbain Evêque, serviteurs des serviteur de Dieu, pour que mémoire perpétuelle en soit gardée.....

« Nous avons, il y a quelque temps, donné de vive voix à notre cher fils, Gaucelme Coquard, chanoine du Puy, notre ami, pleins pouvoirs pour rédiger et promulguer les statuts de l'église collégiale de Notre-Dame de Quézac, dont il connaissait parfaitement l'état et les revenus.

« Usant de ces pouvoirs, le dit Gaucelme a donné

à cette église de bons statuts et a reçu des personnes attachées à la dite église le serment qu'ils seraient observés,

« En cela il s'est conformé aux facultés que nous lui avions déléguées qui sont contenues dans des actes publics, signés de notre cher fils Jean Dumas, clerc du dit diocèse, notaire public par l'autorité apostolique. L'un de ces actes est du 19 septembre, l'an 1365 depuis le jour de la Nativité de Notre-Seigneur, l'autre est du 20 juillet, l'an 1366 depuis le jour de la Nativité de Notre-Seigneur (1). Nous avons eu soin d'en faire vérifier la teneur mot par mot.

« Dans le désir de rendre fermes ces statuts, Nous les acceptons comme faits par notre ordre, Nous les approuvons et les confirmons de notre autorité apostolique, suppléant par les présentes à tout défaut qui y serait intervenu. Il ne sera permis à personne d'enfreindre cet acte confirmatif et que nul ne soit assez téméraire pour oser s'y opposer. Si quelqu'un était assez présomptueux pour le tenter qu'il sache qu'il encourra l'indignation du Dieu Tout Puissant et des Bienheureux Pierre et Paul. »

La Collégiale de l'église de Quézac était canoniquement fondée. Elle avait ses chanoines et de « bons statuts » qui tout en assurant la sanctification personnelle des membres, allaient donner au culte liturgique, dans le sanctuaire de Notre-Dame, une pompe inaccoutumée. Il lui manquait cepen-

______

(1) La date ainsi formulée indique que ces actes étaient deux Brefs Pontificaux.

dant un collège pour l'habitation commune de ses membres.

Le Bienheureux Urbain V voulut compléter son œuvre en faisant exécuter lui-même cette grosse construction. La mort ne lui laissa pas le temps de réaliser son projet; mais il disposa que le collège serait édifié à ses frais, sous forme de château-fort, pour la sûreté des chanoines et des habitants en cas de guerre (1).

Les volontés du Bienheureux Pontife furent fidèlement exécutées. Le collège fut construit et défendu avec l'église par des tours et des remparts (2).

On voit encore à l'entrée du cimetière de Quézac

---

(1) « Dominus Urbanus erexit novum collegium canonicorum sæcularium, cum uno præsidente decano, apud ecclesiam et in ecclesia Beatæ Mariæ de Quezaco, diœcesis Mimatensis, et loci illius redditus ad sufficientiam augmentavit, ubi ejus expensis edificatum fuit et est fortalicium, post ejus mortem, juxta ordinationem quam ipse vivens fecerat et fecit, ad tuitionem dictæ ecclesiæ et collegii, et securitatem patriæ et compatriotarum, ut proxime est dictum de Bedoesco. » *Procès d'information sur la vie et les miracles d'Urbain V.*

(2) Dans l'histoire des Souverains Pontifes français, publiée en 1632 par François Bosquet, évêque de Montpellier, on lit ce qui suit :

« In ecclesia etiam Quezaco, dictæ diœcesis, ubi est *oratorium spirituale et devotum B. Mariæ Virginis*, collegium novum instituit certorum canonicorum sæcularium et qui ipsis præsiderent Decani, fecitque *muris et turribus* dictam ecclesiam altis circumdari. » *Romanorum Pontificum, qui e Gallia oriundi in ea sederunt historia* (Vita Urbani V, p. 188). Dans son histoire, François Bosquet s'est contenté, pour le B. Urbain V, de publier une vie de ce Pape écrite, sous son successeur Grégoire XI, par un auteur languedocien, contemporain des évènements racontés.

les restes d'un grand pillier. Le baron de Chapelain, sans avoir en main les documents que nous venons de produire, n'hésitait pas à les considérer comme un vestige de la porte principale d'un ancien mur d'enceinte.

« Ce morceau d'architecture, écrit-il, isolé de l'église et loin des bâtiments de la Collégiale, appartenait sans doute, autrefois, à une construction qui devait se rattacher à l'une et à l'autre; car la grandeur de ses proportions ne permet pas de l'attribuer à une habitation particulière. Les vieillards du pays disent qu'il y avait là un grand portail. Cet indice nous a amené à penser qu'au moyen-âge, le collège, l'église, le cimetière et l'enclos des chanoines, étaient enfermés dans la circonscription d'un mur d'enceinte dont je voyais les restes de la porte principale » (1).

Ces fortifications étaient, à ce moment, commandées par le danger des Grandes Compagnies. La paix conclue entre les Etats belligérants auxquels elles avaient engagé leurs services, ces troupes se livraient à des actes de pillage et de cruauté. Les trésors des églises tentaient souvent leur cupidité facilement sacrilège. Aussi le Bienheureux Urbain V, non content de prendre courageusement parti pour la sécurité publique contre elles, en les frappant de l'excommunication (2) voulut-il protéger par

______

(1) *Notice sur le sanctuaire de Notre-Dame de Quézac.*

(2) Cette noble attitude lui valut des représailles. Comme les Grandes Compagnies passaient près d'Avignon, pour se rendre en Espagne, sous la conduite du connétable de Duguesclin, elles menacèrent de s'emparer de la ville. Il fallut, pour les éloigner, les absoudre de l'excommunication et leur payer une somme de 200 milles livres.

des ouvrages fortifiés, l'église collégiale de Quézac, de Bédouès et plusieurs autres lieux et églises du diocèse de Mende consacrés au service de Dieu. (1) Le collège construit par les ordres du B. Urbain V, était digne de ce grand Pape el de l'art des constructions du quatorzième siècle. Le baron de Chapelain, savant archéologue, qui le visita vers 1858, en reconnut les vestiges suivants (2) : « Le rez-de-chaussée seul paraît, du moins en partie, remonter au temps primitif. On y voit de grandes et belles voûtes en tiers-point, et des murs d'une épaisseur extraordinaire ; on remarque les murs d'un escalier qui devait être beau ; des restes de nervures reposant sur des culs-de-lampe indiquent l'existence d'un cloître très étroit. On trouve des portes d'appartement en ogive pure, d'autres en forme d'accolade, d'autres carrées. A l'extérieur, il n'y a de primitif que les assises inférieures qui sont en moyen appareil (3).

---

(1) « In loco de Bedoesco, diœcesis Mimatensis, ubi erat ecclesia baptismalis et parœcialis loci suæ originis, spectabatque ad domum suam paternam (Urbanus V) a solo ædificavit pulchram et satis nobilem ecclesiam, quam muris altis et turribus ad modum castri circumdedit ; in quà constituit collegium certorum canonicorum sæcularium et Decani, qui ibidem haberent Deo perpetuo deservire, in memoriam sui et parentum suorum, quorum sepultura est et erat ibi ab antiquo, dotavitque dictum collegium tum de bonis paternis, quam aliis, bene et sufficienter. Idemque fecit in plurimis aliis locis et ecclesiis Dei servitio deputatis in dictà diœcesi constitutis. » *Romanorum Pontificum, qui e Gallia oriundi in ea sederunt historia* (Vita Urbani V, par F. Bosquet).

(2) Le collège des chanoines de Quézac fut brûlé par les protestants, pendant les guerres de Religion du XVIe siècle.

(3) *Notice sur le sanctuaire de Notre-Dame de Quézac* (1858).

CHAPITRE IV

Les Statuts de la Collégiale

(1366)

Election des membres. — Attributions du doyen, du sacristain, des autres chanoines. — Tenue des chapîtres. — Table commune. — Austérité de la règle. — Prières pour le B. Urbain V et sa famille.

L'église et le collège abrités derrière des remparts, les chanoines pouvaient en paix vaquer au culte de Dieu et au service de Notre-Dame. Les statuts élaborés par Gaucelme Coquard les défendirent eux-mêmes contre tout relâchement. Tout y est si minutieusement prévu, si sagement ordonné, que les chanoines n'eurent qu'à se laisser porter par leur règlement pour atteindre à cette ferveur de la piété qui est le meilleur ornement des ministres consacrés au service des autels.

Une copie du texte latin de ces statuts existe aux Archives départementales de la Lozère (1). Nous en traduisons les dispositions principales. « Au nom du Christ, amen. Les choses qui ne sont point ordonnées sont sujettes à la négligence et à la confusion et ne subsistent pas longtemps. De même, convient-il que s'établissent dans la règle et dans la piété les personnes et les églises vouées au service de Celui qui a tout créé avec ordre. »

L'élection du diacre et sous-diacre, sera faite, la première fois, par nous, en vertu de l'autorité

____

(1) Série G. 2.225.

apostolique. Lorsque, après ce premier choix, une vacance se produira, la nomination appartiendra aux membres du Chapître et le prieur d'Ispagnac donnera la confirmation. Pour la dignité de doyen et la charge de sacristain les chanoines doivent être préférés aux étrangers. L'élection sera dévolue au prieur d'Ispagnac si elle n'a pas été faite dans le mois qui suit la vacance.

« Le doyen présidera au chapître, à l'église, il sera le supérieur des membres et des serviteurs de la Collégiale et aura, auprès d'eux, charge d'âmes. Il réunira le Chapître toutes les semaines ou plus souvent lorsque cela sera nécessaire. Partout il aura la première place. Il émettra le premier vote dans les délibérations et son suffrage vaudra deux.

« Le sacristain occupera la seconde place : il votera après le doyen. Il sera chargé du service de la paroisse ; les pouvoirs nécessaires lui seront donnés par l'Evêque de Mende dès qu'il aura été établi dans son office. Il sera aidé par un ou plusieurs vicaires, selon que l'exigeront les besoins : il les présentera lui-même à l'approbation de l'Evêque. Il aura la garde des vases sacrés, ornements, reliques, joyaux, livres de l'église. Il recevra les offrandes du peuple, les emploiera aux dépenses du culte et remettra l'excédent au procureur du Chapître. Il fera ouvrir et fermer l'église dont il gardera les clefs ; il fera sonner les cloches, aux heures dites, pour les matines, offices, heures canoniales, messes, processions. Il sera aidé par deux clercs qui recevront la rétribution dont ils auront convenu. Chaque année, après l'octave de Pâques, il montrera au doyen, au Chapître ou à celui qui sera délégué pour cet objet, les vases sacrés, reliques, ornements tant des autels que des ministres. Il recevra les offrandes faites à l'église, à moins qu'un autre soit délégué à eette fin.

« Les chanoines prendront rang selon la date de leur nomination ; toutefois le diacre et le sous-diacre viendront toujours après les prêtres.

« Celui qui occupera la troisième place après le doyen et le sacristain, sera tenu d'officier ou de faire officier par quelqu'un des chanoines. Aucun de ceux qu'il chargera de ce soin ne pourra s'y refuser sans un motif raisonnable. Il désignera par une liste affichée, chaque samedi, avant tierce, ceux qui, la semaine suivante, devront chanter les antiennes, les psaumes, les répons, les messes, lire les leçons, l'épître. Il notera les présences, les absences et les manquements. A la fin de chaque mois, il recevra du procureur les sommes à distribuer pour les messes de fondation.

« Pour ne pas troubler les offices de la Collégiale, les mariages seront célébrés et la Sainte Eucharistie administrée à la chapelle de sainte Marie Madeleine où sera en réserve le Corps Très-Saint du Christ.

« Les chanoines prêteront facilement leur concours au sacristain dans l'exercice de sa charge d'âmes. Ils garderont continuellement la résidence et ne pourront s'absenter sans la permission du Chapître qui ne devra user de ce droit qu'avec modération. Ils chanteront dévotement l'office du jour et de la nuit, selon l'ordre et l'usage de l'église cathédrale de Mende. Après l'heure de Prime sera chantée une messe « de Beatà » qui sera la messe du matin (1) et, après Tierce, la messe du jour qui sera la grand messe. Pendant le Carême, celle-ci sera célébrée après None et, les autres jours de jeûne, après Sexte.

« La grand messe et celles que le doyen déterminera seront célébrées, avec diacre et sous-diacre et acolytes à l'Evangile, les dimanches et jours de fête, double, selon la pratique des autres églises collégiales. Le doyen, le sacristain et les chanoines passeront à tour pour chanter ces messes, chaque semaine, selon l'ordre affiché. Les jours de fête solennelle et les doubles majeurs, le doyen ou celui qu'il aura chargé de ce soin chantera la grand' messe et présidera l'office : en cas d'absence ou de vacance, il sera remplacé par le sacristain et, si celui-ci était absent, par le chanoine qui règle les offices du chœur. Ces jours-là seront allumés quatre cierges du poids quand ils seront entiers d'au moins une demi-livre. Aux messes chantées les jours ordinaires, deux cierges seulement seront allumés, du même poids.

« Un chapitre général sera tenu le mercredi après l'octave de Pâques ou, s'il ne peut commodément l'être à cette date, le jour libre le plus rapproché et se continuera les deux jours suivants s'il y a lieu ; tous les bénéficiers de l'église, les absents comme les présents, doivent s'y rendre. Dans ce chapître, seront choisis parmi les chanoines, deux procureurs qui percevront, administreront, distribueront les

---

(1) Post Primam celebretur una missa de Beata Maria cum notà quæ matutinalis et alia similiter cum notà post tertiam de officio diei quæ major nuncupetur.

fruits, revenus, profits, biens, droits de l'église et de la Collégiale, pourvoiront à la nourriture commune, aux distributions et émoluments du doyen, des chanoines et des serviteurs de l'église, traiteront toutes les affaires des dites collégiale et église. Nul autre ne se mêlera de cette administration, si ce n'est par nécessité, auquel cas, d'autres seront régulièrement subrogés. Les procureurs rendront compte de leur administration au doyen et au Chapitre ou à la majorité de ses membres, sur leur demande. Il leur est défendu d'aliéner les biens de l'église, pour n'importe quelle affaire ou nécessité, sans la permission du doyen et du Chapitre.

« Un second chapitre général sera tenu, le mercredi après la Toussaint, ou le jour libre le plus rapproché. Y seront lues les présentes constitutions pour que nul ne soit excusable par leur ignorance. On traitera les affaires, soit spirituelles, soit temporelles de l'église, l'ordre des offices, la réforme des abus et autres choses expédientes et utiles.

« Une fois au moins par semaine, le mercredi ou un autre jour plus favorable, après la messe du matin, le Chapitre sera convoqué au son de la cloche et se réunira pour traiter des affaires, des intérêts et besoins de l'église.

« L'habit de chœur se composera du surplis, de la chape (1) et de l'aumusse (2).

---

(1) La chape était un grand manteau que les chanoines portaient au chœur pendant l'hiver; le camail, sorte de petit manteau employé au même usage, ne fut introduit qu'à la fin du XVe siècle.

(2) L'aumusse était une fourrure dont les chanoines se couvraient originairement la tête et le derrière du cou dans les offices de nuit, et qu'aujourd'hui ils portent sur le bras.

« La chape sera noire, en soie ou en drap (1).

« L'habitation et la table seront communes.

« Les chanoines et les serviteurs de l'église recevront des portions égales. Le dimanche, le mardi et le jeudi, on servira de la viande (2) à dîner ; le lundi et le mercredi, à souper. Le vendredi et le samedi, on servira, à souper, du fromage en quantité convenable. Les mêmes jours, les vigiles et les autres jours de jeûne, du poisson frais ou salé sera donné, à dîner, toutes les fois qu'on pourra s'en procurer facilement ; à défaut de poisson, on servira du fromage en quantité convenable. Pendant le Carême, on servira deux plats avec le poisson. Les portions de viande et de poisson seront augmentées à dîner, les fêtes de Noël, Saint-Etienne, la Circoncision, l'Epiphanie, les dimanches du Carême, le jour de Pâques et les deux jours suivants, l'Ascension, la Pentecôte, le Saint-Sacrement, la Nativité de saint Jean-Baptiste, la fête des Saints Apôtres Pierre et Paul, la Toussaint, les quatre fêtes de la Très Bienheureuse Vierge Marie.

La lecture de la sainte Ecriture sera faite pendant

---

(1) Une ordonnance de Mgr de Marcillac, évêque de Mende, de 1652, règle que le parement de la chape du doyen sera de couleur rouge, celui des autres chanoines, de couleur noire, sans que les uns ni les autres ne puissent mettre aucun bord de peau autour de leur capuchon ; l'aumusse du doyen devra être de petit gris et ne pourra être doublée que de petites peaux barrées de blanc et de gris ; l'aumusse des chanoines pourra être de petit gris, mais doublée de peau noire. Arch. dép. Loz. G. 2.226.

(2) Viande de boucherie ou de petit salé, à moins que ces jours-là la viande fut prohibée.

le dîner, par le diacre, le sous-diacre ou tout autre désigné par le doyen.

« Une distribution en argent aura lieu pour les chanoines qui auront pris leurs repas et couché dans le Collège, ou qui seront absents à cause des affaires de l'église et de la Collégiale. Elle sera faite en monnaie dont le florin d'or de France vaut 24 sous. Le doyen recevra 16 deniers, le sacristain et chacun des chanoines 8, le diacre et le sous-diacre 6. (1)

« Si, par l'augmentation du trésor de l'église et les dons des fidèles, les revenus du Chapître croissent à ce point que les distributions en arrivent à dépasser, pour toute l'année, les parts actuelles, de la moitié de leur valeur, le surplus servira à augmenter le personnel de l'église, particulièrement le nombre des prêtres (2) qui seront choisis de la même manière et dans les mêmes conditions que ceux précédemment établis ».

Les statuts de la Collégiale avaient tout prévu, tout ordonné. C'est bien « dans la règle » au plein sens du mot qu'elle fut établie. Au jour de leur réception les chanoines s'engagent par un serment sur les Saints Evangiles à en observer toutes les prescriptions. La part principale de la journée est faite à la prière publique, solennelle, au nom de l'Eglise. Les

____

(1) Il fallait 12 deniers pour 1 sou.

(2) En vertu de cette disposition, le nombre des chanoines fut, plus tard, élevé de 8 à 12. Un acte de 1634 mentionne une quête que les *douze* chanoines donnent charge de faire dans la province du Languedoc et autres lieux. Arch. dép. de la Loz. G. 2.226.

chanoines chantent l'Office canonial : Matines, Laudes, les petites Heures, Vêpres, Complies, et, d'après nne Bulle du Pape Alexandre VI que nous citerons plus loin, l'Office de la Bienheureuse Vierge Marie. Ils chantent aussi deux Messes ou plutôt. trois : l'une de la Sainte Vierge, la seconde du jour, une troisième, comme nous le verrons par la même Bulle, pour les morts. La nourriture est frugale·

La Collégiale du B. Urbain V ressemblait fort à un monastère de Chartreux. Les derniers membres du Chapitre de Quézac qui n'avaient plus la vie commune avaient gardé le souvenir de cette austérité. Les deux survivants de la Révolution qu'avait intimement connus l'abbé Buisson, l'abbé Cruveiller et l'abbé Grégoire, lui avaient plusieurs fois rapporté que les chanoines, sans être des religieux, avaient observé les règles monastiques et s'étaient longtemps soumis à un genre de vie sévère (1).

Gaucelme Coquard voulut que la Collégiale témoignât sa reconnaissance au Bienheureux Pontife qui en était le fondateur.

« Aux messes chantées, sera ajoutée, de son vivant, pour Urbain V, l'oraison : « Deus omnium fidelium pastor et rector famulum tuum Urbanum ». Chaque année, au jour anniversaire de la mort du père du Bienheureux, le noble seigneur de Grisac, de sa pieuse épouse, de ses enfants, sera célébré, après les Vêpres du jour, l'office des morts ; le lendemain, la Messe sera chantée et l'absoute donnée, comme au jour de la sépulture. Dans chaque messe des morts une oraison particulière sera

____

(1) *Notre-Dame de Quézac.*

dite pour les mêmes personnes. Le De profundis, le Pater et les trois oraisons des morts seront récités après Matines, la Grand'Messe, Vêpres, ou Complies si elles n'étaient pas séparées de Vêpres. Tous les jours, une fois, après le repas, on dira le De profundis, pour les mêmes défunts (1).

Le 26 juillet 1366, Gaucelme Coquard ajoutait aux statuts (2) : « que chaque semaine, le jeudi, sera célébré dans l'église de Quézac une messe du Saint-Esprit, afin que le Seigneur protège le Pape, le conserve et le dirige longtemps pour le gouvernement de la Sainte Eglise. Le mercredi sera aussi célébré une messe du Saint-Esprit pour Anglic de Grimoard Evêque d'Avignon (3) et pour noble et puissant Guillaume de Grimoard, chevalier, seigneur des châteaux de Grisac et de Bellegarde son père (4) ».

-----

(1) Ces statuts furent promulgués dans l'église de Quézac, le 19 septembre 1365, la troisième année du pontificat d'Urbain V, en présence de Bernard (Pierre), moine du monastère d'Aurillac, sacristain du prieuré d'Ispagnac, de Guillaume Seguin, moine, prieur de Bonneterre, diocèse de Rodez, de Bernard Corsier, prêtre, vicaire perpétuel de l'église d'Ispagnac, de Guillaume Bertrand, d'Ispagnac, de Pagès, prêtre du diocèse de Mende et de plusieurs autres témoins.

(2) Arch. dép. de la Loz. G. 2.225.

(3) Anglic de Grimoard, frère du B. Urbain V, fut créé, par celui-ci, cardinal, le 18 septembre 1366. Il survécut 18 ans à son frère, mourut le 14 avril 1388 et fut enseveli dans l'église de Saint-Ruf de Valence.

(4) Guillaume de Grimoard, père d'Urbain V, mourut âgé de 100 ans, le 16 octobre 1366, à Avignon où il s'était retiré auprès de son fils. Son corps fut transporté dans l'église de Bédouès, nouvellement construite et érigée en Collégiale.

CHAPITRE V

Reconstruction de l'église

(XVe siècle)

Epoque de cette reconstruction. — Plan de la nouvelle
église. — Beauté de cet édifice. — Armoiries du Chapitre. — Portique de l'église.

Au moment de l'invention miraculeuse de la
statue, une église avait été construite qui, selon
toute vraisemblance, servait encore d'édifice du
culte quand fut fondée la Collégiale. L'architecture
primitive de cette église n'était plus en rapport
avec l'institution nouvelle. Il convenait de la rem-
placer par un monument nouveau, où l'art gothique
étalerait ses merveilles, tandis que la Collégiale
déploierait dans le sanctuaire les splendeurs litur-
giques.

Quelques-uns ont pensé, à tort, que le Bienheureux Urbain V réalisa lui-même cette entreprise.
Le Procès d'information ou les Vies anciennes du
Bienheureux, parmi lesquelles il en est d'écrites
par ses contemporains, mentionnent la fondation
de la Collégiale de Quézac et la construction du
collège des chanoines. Aucun de ces écrits ne lui
attribue la réédification de l'église. Après l'établissement de la Collégiale, l'entreprise de première
nécessité qui s'imposait, était la construction d'une
habitation pour les chanoines à qui la vie commune
était ordonnée. Nous avons vu que le Bienheureux
ne put même pas la faire exécuter de son vivant.

Ce fut donc plus tard, dans les commencements

du XVᵉ siècle, que les chanoines complétèrent, par la reconstruction de l'ancienne église, l'œuvre de leur bienheureux Fondateur. La date en est restée écrite sur la pierre. Pour celui qui connaît à fond l'archéologie chrétienne, la forme de l'ogive, une moulure, un détail architectonique suffisent à caractériser l'époque d'un monument religieux.

Or, les nombreux restes de la belle église gothique de Quézac, que l'on reconnaît encore dans le monument actuel, ont été examinés, étiquetés, datés, par un savant archéologue de la Lozère, le baron de Chapelain (1). Celui-ci, sans hésitation aucune, ne les fait pas remonter plus haut que le commencement du XVᵉ siècle. « On croit généralement, écrit-il, que c'est à Urbain V que l'on doit la construction de l'église de Notre-Dame de Quézac. Quelque regret que nous ayons de contester une origine aussi flatteuse, nous devons dire que ce gracieux sanctuaire ne peut pas, selon nous, être attribué au Pontife gévaudanais... (2)

« L'église de Quézac a eu à subir des mutilations; d'abord de la rage destructive des huguenots. Malgré ces dévastations et les restaurations peu artistiques qui les ont suivies (3), on peut voir très distinctement ce qu'était le monument primitif et lui assigner une date que *nous ne faisons remonter que vers le commencement du XVᵉ siècle*. Quand

_____

(1) Le baron de Chapelain était membre de la Société française d'archéologie.

(2) Cette affirmation, basée sur de pures données archéologiques, concorde avec ce que nous venons de dire d'après les sources historiques.

(3) Ceci a été écrit en 1858.

nous disons le monument primitif, nous n'entendons parler que de ce qui reste aujourd'hui ; puisque nous avons déjà établi qu'un sanctuaire existait à Quézac bien antérieurement à la venue du pape Urbain... Suivant nous, l'église du prieuré, existante au moment de la fondation de la Collégiale, a dû être conservé près d'un demi-siècle (1).

Le baron de Chapelain a reconstitué, avec les restes encore conservés, l'ancienne église gothique. « Le plan de l'église, dit-il, se composait originairement d'une nef flanquée, de chaque côté, de trois chapelles. La plus basse du côté du Midi, ne doit pourtant pas porter ce nom, puisqu'elle n'est que le vestibule communiquant du porche (2) à la nef et servant d'unique entrée à l'église (3). Celle-ci est divisée en trois travées par deux piliers de chaque côté, qui soutiennent trois voûtes d'arêtes ogivales avec clefs semi-pendantes, sur chacune desquelles est un écusson armorié. Les chapelles sont voûtées de même. Le haut de l'église est une abside en hémicycle d'une forme très gracieuse.

« Tout dans l'église de Quézac annonce la beauté d'une construction (4) primitive, détériorée par les

---

(1) *Notice sur le sanctuaire de Notre-Dame de Quézac.*

(2) Ce porche est devant la porte de l'église ; nous en parlons plus loin.

(3) Un procès-verbal des ravages faits à Quézac par les nouveaux religionnaires mentionne la destruction de *six autels* (G. 2.240) y compris le maître-autel. Quatre des autels latéraux étaient sous les vocables de la Croix, sainte Marie-Madeleine, saint Antoine et sainte Anne.

(4) Toutes les assises extérieures de l'édifice étaient appareillées et ont 0,28 cent. de hauteur. Les appareils, en maté-

vandales de plusieurs époques. On reconnaît parfaitement la forme première de toutes les fenêtres, et on voit qu'elles étaient fort belles ; on a muré presque toute la partie droite, de sorte qu'il n'y a guère d'ouvert aujourd'hui que les ogives. Peut-être ces grandes baies, privées de vitraux, donnaient-elles une clarté trop vive ; peut-être aussi a-t-on bouché la partie inférieure pour un motif de sécurité.

« Une seule fenêtre a échappé au marteau destructeur ; elle a été protégée par son humilité ; elle éclaire la dernière chapelle du côté du nord qui n'est pas en quelque sorte appropriée au service divin. (1)

« La fenêtre dont nous parlons est très jolie et fait très bien comprendre ce qu'étaient les autres. Elle est partagée en deux par un meneau fort léger ; chaque baie trilobée est surmontée d'un trèfle à pétale flamboyant ; le cintre de l'ogive est rempli par un troisième trèfle semblable, mais plus grand ; le tout forme un ensemble du goût et de la bonne exécution du commencement du XVe siècle. Les morceaux de moulure restant aux fenêtres de l'abside rappellent des formes en tont semblables à celles que nous venons de décrire. Il en est autrement pour celles des chapelles : chacune a dû avoir son ornementation particulière. L'une d'elles, dont

---

riaux calcaires, sont marqués en creux d'un signe distinctif, ce qui semble indiquer que les appareils ont été travaillés à la tâche sur place et ensuite transportés pour servir à la construction. Ces marques ne se trouvent que sur les appareils en taille et non sur les appareils moulurés.

(1) En 1899, on y a placé l'ancien maître-autel de l'église.

il ne reste plus que les pieds-droits et l'archivolte est enrichie d'un galon en spirale très délicat.

« Toutes les chapelles ont une crédence, nous n'en avons vu qu'une assez bien conservée pour juger de sa forme : elle est trilobée et fort bien traitée ; elle est, comme toutes les autres, à une seule piscine ainsi qu'on les faisait à cette époque.

« Nous voudrions pouvoir entrer dans quelques détails, au sujet des piliers et chapiteaux, dont l'archéologue s'occupe avec le plus grand intérêt, mais la matière fait défaut ; les dévastations et restaurations successives n'ont rien laissé à sa place. Nous avons pourtant remarqué près de la porte de la sacristie. un chapiteau d'un beau travail : sa corbeille est couverte de larges feuilles élégamment découpées et fortement fouillées ; nous avons cru reconnaître le chou frisé, mais elles sont tellement empâtées par d'innombrables couches de badigeon qu'on ne voit rien de distinct.

« Il en est de même des armoiries qui décorent, comme nous l'avons dit, les clefs de toutes les voûtes. Le plus grand nombre portent l'écusson du Chapître qui était, comme nous l'apprenons dans un manuscrit des archives, le même que celui du pape Urbain V, c'est-à-dire de *gueules au chef emmanché d'or* (1).

---

(1) L'abbé Albanés, qui a publié, en 1866, des « *Recherches sur la famille de Grimoard et ses possessions territoriales* », relève, dans le premier chapitre de son livre, une erreur sur les armoiries du B. Urbain V. Dans un manuscrit de la Bibliothèque Nationale sur la Généalogie des seigneurs de Grizac, « les armes de Grimoard, dit-il, qui sont de *gueules au chef emmanché d'or de quatre pièces,* sont ainsi travesties : d'azur au chef emmanché d'or de trois pièces.

Les multiples couches de plâtre ne permettent pas de distinguer les couleurs du blason; mais ces armes sont trop connues dans le Gévaudan pour qu'on ne les discerne pas facilement malgré le badigeon.

« Le chapitre de Quézac portait les mêmes armes que son fondateur Urbain V. C'est sans doute de cette similitude qu'est venue l'opinion qui attribue à ce pape la construction de l'église.

« Les quatre contreforts qui soutiennent la voûte de l'abside portent chacun une pierre sculptée dont on ne peut malheureusement pas voir le sujet. Ces contreforts nous ont paru avoir été construits après coup.

« Nous avons encore à signaler une arcature que l'on remarque à gauche, en entrant dans le vestibule; elle est de forme ogivale très-pure du XV⁰ siècle, et semble appartenir à un tombeau. (1)

« En avant de l'église, on trouve un porche, à base carrée, composé de trois arcades soutenues par deux piliers; la porte de l'église forme le quatrième côté; le dessus est une voûte d'arête. Les moulures qui ornent les piliers, les voussoirs des trois arcades et les nervures de la voûte sont les mêmes que ceux dont nous avons parlé tout à l'heure (2). La porte de l'église devait être grande et

------

(1) Les registres paroissiaux du XVII⁰ et XVIII⁰ siècles font mention de sépultures de seigneurs de Javillet sous le portique de l'église.

(2) Auparavant, l'auteur décrit les restes du grand pilier situé à l'entrée du cimetière. « La sculpture, dit-il, d'une grande pureté d'exécution, rappelle le commencement de la période ogivale qu'on nomme prismatique. Il règne ici une

belle, à en juger par ce qu'on en peut encore voir (1);
on l'a murée, en y laissant seulement une petite
ouverture comme pour une maison bourgeoise.
Nous avons admiré la saillie de l'archivolte, ornée
d'un rempart de crosses végétales, et surmontée
d'un bouquet terminal fort gracieux. De chaque
côté et au droit des pieds droits, se trouve un joli
pinacle, décoré aussi de crosses. Tout ce qu'on peut
voir de cette porte est entier ; il serait peu coûteux
de détruire cette mauvaise maçonnerie et de mettre
au jour cette belle porte. »

---

heureuse harmonie entre le tore que l'on va abandonner et
le prisme qui bientôt prendra le dessus. Cet ensemble est
on ne peut plus gracieux, il évite la monotonie des tores
trop multipliés et la sécheresse des longues baguettes ;
la scotie, arrondissant ses contours entre les autres moulures qu'elle unit plutôt qu'elle ne les sépare, donne à
l'ensemble un air de grandeur et d'élégance que nous avons
été étonné de rencontrer dans un village. »

(1) On voit encore la trace du meneau de pierre qui
divisait l'ouverture en deux vantaux.

CHAPITRE VI

Les Biens de la Collégiale

Bénéfice de l'église de Quézac. — Bénéfice de l'église de Saint-Etienne-du-Valdonnez. — Bénéfice de l'église du Pompidou.

Les protestants, lorsqu'ils s'emparèrent de Quézac vers la fin du seizième siècle, firent disparaître les papiers de la Collégiale. Toutefois, la destruction des titres n'entraina pas la perte des droits de propriété. Après, comme avant, les chanoines jouirent des biens et revenus qui leur appartenaient. Cette jouissance postérieure aux guerres de Religion a laissé ses traces dans des actes conservés aux Archives départementales de la Lozère. C'est avec ces documents et les Bulles des Souverains Pontifes que nous allons reconstituer l'inventaire des biens de la Collégiale, qui comprenaient les bénéfices des églises de Quézac, de St-Etienne-du-Valdonnez et du Pompidou.

Le bénéfice de Quézac forma le premier bien de la Collégiale. Il se composait de la dîme et de quelques biens-fonds, rentes ou censives. Le Chapître levait la dîme carnenc (des agneaux) et des blés dans la circonscription paroissiale de Quézac, de laquelle dépendaient Montbrun (1) et Blajoux.

(1) Il y avait à Montbrun une chapelle paroissiale, sous le vocable de S. Pierre, desservie par un chapelain présenté à l'Evêque et rémunéré par le Chapitre. Les papiers du fonds de Quézac, aux Archives départementales, mentionnent en outre trois chapelles dans la paroisse : la chapelle de Javillet, la chapelle de St-Laurent-de-Bicisses, la chapelle de Saint-Mary, près Montbrun.

Rien assurément de plus fondé que la dîme ecclésiastique. Le premier Maître des produits du sol c'est Dieu. Le laboureur prépare la terre et jette la semence, mais Dieu fait germer et grandir celle-ci par la vertu germinative qu'il lui a communiquée, par la pluie et le soleil qu'il lui dispense. Quoi de plus juste que, par son ordre (1), soit prélevée sur ces produits une part pour ceux qui s'acquittent envers Lui, au nom de tous, du devoir de la prière, de la louange et de l'adoration.

La dîme des blés du Causse Méjean était levée à l'aire du Tomple, celle des blés du Causse de Sauveterre, à l'aire de Tormas (2).

Le Chapître possédait en outre quelque bienfonds. Le cadastre de la paroisse de Quézac dressé en 1607, fait l'énumération des terres qui appartenaient au doyen et aux chanoines. Le revenu total des parcelles détenues par le Chapître est peu élevé. Encore convient-il d'y comprendre quelques biens patrimoniaux qui étaient la propriété personnelle de chanoines originaires de Quézac. De simples particuliers ont, dans ce même cadastre, un revenu supérieur à celui de cette collectivité. La main-morte de la Collégiale, après une existence de plus de trois siècles, n'était pas devenue envahissante.

Le doyen et les chanoines de Quézac jouissaient aussi du bénéfice de l'église de St-Etienne-du-Val-

---

(1) Les textes promulguant ce précepte ne manquent pas dans le Nouveau comme dans l'Ancien Testament.

(2) Arch. dép. de la Loz., G. 2.232.

donnez. Dans la Bulle de fondation, le B. Urbain V avait uni, dès 1365, ce bénéfice à l'église collégiale de Quézac. Pour des motifs que nous ne connaissons pas, cette union ne fut point faite à cette époque. Elle ne fut réalisée que plus d'un siècle après, en 1498, à la suite d'une nouvelle Bulle du Pape Alexandre VI, dont voici quelques passages :

« Elevé par la Providence, malgré notre indignité, au faîte de la suprême dignité apostolique, Nous appliquons nos soins à ce que, dans les églises collégiales, des louanges continuelles soient adressées au Très-Haut et que les revenus puissent suffire à l'entretien convenable des ministres qui les chantent. C'est pourquoi Nous Nous sommes réservé la disposition et la collation de tous les bénéfices ecclésiastiques avec charge d'âmes, déjà vacants ou qui viendront à vaquer auprès du Siège apostolique, et avons porté un décret contre ceux qui, quelle que soit leur autorité, auront, par ignorance ou le sachant, attenté à cette réservation.

« Après que cette défense a été portée, la vicairie perpétuelle du prieuré de St-Etienne-du-Valdonnez, diocèse de Mende, est devenue vacante auprès du Siège Apostolique, par la résignation faite entre nos mains et acceptée, au nom de notre cher fils Bertrand de Champlong, qui en était vicaire perpétuel, par son procureur, notre cher fils Dominique d'Attanancie.

« Or, une supplique nous a été adressée par notre cher fils le doyen et par le Chapître de l'église de Notre-Dame de Quézac, diocèse de Mende. Elle nous exposait que notre prédécesseur le Pape Urbain V, en érigeant la dite église en Collégiale, y avait établi huit chanoincs dont l'un aurait la dignité de doyen et l'autre l'office de sacristain ; le doyen devait recevoir deux parts et tous les autres qui devaient vivre en commun, des parts égales.

« Il avait ordonné que les chanoines seraient tenus de dire les heures canoniales, que, chaque jour, ils réciteraient un double office, le premier de la Bienheureuse Vierge Marie, le second du jour, et chanteraient trois messes, l'une de la Sainte Vierge, l'autre des morts et la troisième du jour.

« En même temps, il avait annexé et incorporé les prieurés séculiers de Quézac et de St-Etienne-du-Valdonnez à la mense capitulaire de la dite église, érigée en Collégiale, réglant que le ministère paroissial serait exercé à Quézac par le sacristain du Chapître et à St-Etienne par un vicaire perpétuel.

« Comme le doyen, le sacristain et deux autres chanoines souvent délégués pour remplir l'office de procureur au nom du dit collège, d'après les dispositions de notre prédécesseur, sont occupés à leur emploi, que d'ailleurs souvent quelqu'un des chanoines est infirme, les autres chanoines libres ne peuvent suffire à réciter l'office tout entier dans le mode ordinaire.

« Or la supplique dont nous avons parlé disait que si la vicairie perpétuelle de St-Etienne était unie à la même mense et que si deux enfants et un maître étaient établis dans cette église, les chanoines en seraient beaucoup aidés pour les offices, le culte divin serait plus décent et l'on pourrait supporter toutes les charges. Ils nous ont supplié d'annexer et incorporer pour toujours la dite vicairie

à leur mense capitulaire et de prendre les mesures
à cet effet par bienveillance apostolique. Nous qui
désirons sincèrement voir croitre le culte divin....
avons agréé cette demande.

« C'est pourquoi nous annexons à perpétuité, en
vertu de notre autorité apostolique, le dit bénéfice
avec ses droits et ses revenus à la dite mense capitulaire. En sorte que désormais le doyen et le Chapître auront le droit de prendre possession, en personne ou par un autre, de cette vicairie, de ses droits
et biens, et de faire servir ses fruits, revenus et
profits à la mense capitulaire..... Ils feront exercer
la charge pastorale de l'église de Saint-Etienne par
un chapelain capable de bien remplir cés fonctions.....

« Donné à Rome, près de St-Pierre, l'année 1498
de l'Incarnation du Seigneur, la veille des ides de
juin (12 juin), la 6me année de notre Pontificat. »

Cette Bulle produisit son effet, le bénéfice de
St-Etienne fut cette fois bien réellement annexé à
l'église collégiale de Quézac. La dîme des blés considérable dans cette paroisse et la dîme carnenc
des agneaux, en constituaient le revenu.

Aucun de nos documents ne fait mention de la
date à laquelle le bénéfice de l'église du Pompidou
(St-Flour-du-Pompidou) fut incorporé à l'église collégiale de Quézac. Nous savons toutefois que cette
annexion fut antérieure à celle du bénéfice de
St-Etienne. En 1489, une transaction intervient
entre le Chapître et le prieur de Vebron, au sujet
de la dîme des blés et légumes des terroirs de
« l'Ort de Dieu, Coste plane et Terre-Rouge » que

le Chapitre prétendait dépendre du prieuré de St-Flour-du-Pompidou (1).

La charge curiale de St-Flour-du-Pompidou était remplie par un vicaire qui recevait 300 livres dont 30 étaient représentées par le revenu de la dominicature joignant l'église. Cette paroisse avait sur son territoire plusieurs chapelles: l'une au Mas-Bonnet, une autre au Mas-Aribal, une troisième dite de la Fage proche l'Hospitalet, sur la Can, enfin deux autres existaient isolées.

----

(1) Arch. dép. de la Loz., G. 2.241.

CHAPITRE VII

Les deux premiers siècles de la Collégiale
(1365-1562)

Construction du pont de Quézac. — Nombreux miracles.
— Grande affluence de pélerins.

Depuis la fondation de la Collégiale, 1365, jusqu'à
la première destruction de l'église et du collège des
chanoines par les protestants, en 1562, environ deux
siècles s'écoulèrent. Il est resté peu de traces de
cette période de la vie de la Collégiale. Le pillage
et l'incendie les effacèrent presque, emportant ou
consumant les papiers de ses archives.

Quelqués années après la fondation de la Collégiale, se place, avec la réédification de l'église dont
nous avons parlé, la construction du pont de
Quézac. Les fidèles affluaient au vénéré sanctuaire.
Mais il n'existait pas, sur le Tarn, de pont qui leur
en facilitât l'accès. Des pèlerins s'étaient noyés
pour avoir essayé de traverser la rivière débordée.
Une supplique signée d'habitants du diocèse et de
la ville de Mende fut envoyée au pape d'Avignon,
Benoît XIII (1). Elle expose qu'il est urgent, pour
prévenir de pareils malheurs, de jeter un pont sur
le Tarn, que les habitants du pays sont décidés à
l'entreprendre, mais qu'ils ne peuvent en supporter

____

(1) On était à l'époque du grand schisme d'Occident.
Benoît XIII venait d'être élu (1394) pape d'Avignon et avait,
sous son obédience, la France et une partie de l'Espagne.
Il fut abandonné, dans la suite, devant l'opposition qu'il fit
à la terminaison du grand schisme.

la dépense sans le secours général des fidèles. Elle -supplie Benoît XIII de vouloir bien recommander au peuple chrétien de leur venir en aide et de l'y engager en accordant des indulgences.

Le pape d'Avignon répondit par une Bulle, du 2 mai 1395, adressée à Bernard Bragose, chanoine et procureur du Chapître. Cet acte, dont une copie est aux Archives départementales de la Lozère (1), contient l'exposé de la supplique, y fait droit, et accorde une indulgence de 1 an et 40 jours à tous ceux qui prendront, « sur les biens que Dieu leur a départis, une aumône pour que le pont de Quézac puisse être facilement construit. »

Nous reproduisons les parties saillantes de cette Bulle : « .....suprà flumen quod labitur juxtà ecclesiàm B. Mariæ de Quezaco dictæ diœcesis (mimatensis) aliquis pons non existit per quem ad dictam ecclesiam causa devotionis annuatim confluentes ad ecclesiam hujusmodi valeant libere pertransire. Multi ex eisdem confluentibus propter inundationem dicti fluminis in transitu fluminis ejusdem submerguntur. Ad evitandum scandala hujusmodi, de bonis à Deo sibi collatis, ad honorem beatæ Mariæ, incolæ civitatis et diœcesis Mimatensis quemdam pontem suprà flumen prædictum incipere proponunt et etiam adimplere. Idque sine Christi fidelium subsidio commode facere non possunt. Nos cupientes quod pons hujusmodi construatur, universitatem vestram rogamus quatenùs de bonis à Deo vobis collatis ad constructionem prædictam pias eleemosynas erogetis, ut per subventionem vestram pons

____

(1) Série E, registre (1393-1404) de M° Montanier, notaire.

hujusmodi commodius valeat construi, vosque, per hæc et alia bona quæ, Domino inspirante, feceritis, possitis ad æterna felicitatis gaudia pervenire. Nos enim, de omnipotentis Dei gratià et Beatorum Petri et Pauli Apostolorum ejus auctoritate vere pœnitentibus et confessis qui ad constructionem hujusmodi manus suas porrexerunt adjutrices, *unum annum et quadraginta dies*, de injunctis eis pœnitentiis misericorditer relaxamus..... »

Il résulte de cette citation qu'à cette époque reculée le peuple chrétien accourait aux pieds de Notre-Dame de Quézac, qu'un pont fut, pour la première fois, jeté près du village pour faciliter aux pèlerins l'accès du sanctuaire, que le diocèse de Mende tout entier s'intéressa à cette construction, que des secours furent demandés aux fidèles des autres diocèses et qu'ainsi le pont de Quézac devint une œuvre pie régionale comme l'avait été la riche dotation de son prieuré.

Cette construction était une entreprise considérable. Elle fut d'ailleurs menée simultanément avec la réédification de l'église, qui, nous l'avons dit, date du commencement du quinzième siècle. Aussi ne fut-elle terminée qu'en 1450 (1). De cette même année, les Archives départementales de la Lozère conservent une quittance de 3 moutons d'or et 6 gros. Cette somme provient de la quête faite par un clerc, Antoine Pomel, dans sa tournée, pour le pont de Quézac, aux environs de Chaliers, Faveirolles, Saint-Just, Saint-Flour (Cantal). (2)

____

(1) Le pont de Quézac (Lozère), par Ferd. André, archiviste : *Bulletin archéologique* (1893).

(2) G. 2.240.

Les premières années (1503) du siècle suivant, le seizième, qui devait être si funeste à l'église et au collège des chanoines, une nouvelle Bulle (1), du pape Jules II, fut publiée sur la Collégiale de Quézac. Il est à noter que Jules II n'était autre que Julien de la Rovère, ancien évêque de Mende. Cette Bulle nous apprend que les offrandes des fidèles avaient augmenté à ce point les revenus de la Collégiale, que les distributions faites aux chanoines dans le cours d'une année, dépassaient les parts primitives de plus de la moitié de leur valeur. Elle nous dit encore que les prébendes étaient occupées par des gens de qualité, tous gradués.

A peu près du même temps est une transaction intervenue, l'an 1509, sous l'épiscopat de François de la Rovère (2), entre le doyen et les chanoines de Quézac d'une part, et des prêtres y résidant de l'autre. Cet acte contient sur l'affluence des fidèles et les miracles opérés par Notre-Dame de Quézac, un important témoignage. La plus grande partie, y est-il dit, des revenus provient des messes et autres offrandes des pèlerins qui accourent aux pieds de la Très-Sainte Vierge, *à cause du grand nombre de miracles qui s'opèrent, un jour ou l'autre, dans cette église.* « Potissima pars emolumentorum exstitit, et provenit ex profertis missis votivis et aliis votis peregrinorum illuc convenientium ad pedes S. S. Mariæ Virginis ex copia miraculorum innumerabilium in illa ecclesia de die in diem coruscantium ex quibus jam ditior... » (3)

---

(1) Arch. départ. Loz., G. 2. 224.
(2) François de la Rovère, évêque de Mende (1504-1524).
(3) Arch. dép. Loz., G. 2.226.

Cette attestation est extraite d'un acte notarié et certifiée par les chanoines gardiens du sanctuaire. La grande affluence des pèlerins est cause que les membres de la Collégiale ne suffisent pas à acquitter les messes. Pour satisfaire à la dévotion de tous, des prêtres, originaires de Quézac, y ont fixé leur résidence (1) et c'est pour régler leurs rapports avec les pèlerins qu'a été dressé l'acte dont il est ici fait mention.

Nous avons déjà vu ce concours de fidèles, authentiquement constaté dans la Bulle en faveur de la construction du pont de Quézac. Un acte de la même époque (1419) mentionne l'affluence des pèlerins à Quézac, le jour de la Nativité de la Sainte Vierge. « Quà die vota et devotio populi erat et confluebat maxima multitudo populi ad ecclesiam et oratorium dicti loci ad reverentiam dictæ beatissimæ Dei Genitricis Mariæ in dicto loco constitutum et ædificatum. » (2)

A ces heureux temps des pèlerinages de Quézac semblent donc particulièrement convenir ces paroles de M. l'abbé Buisson : « On vit, presque tous les jours de l'année et particulièrement aux grandes fêtes de la Sainte Vierge, une multitude de pèlerins accourir, quelquefois de pays éloignés, faire à pied de longs et pénibles voyages, pour se prosterner aux pieds de la Vierge Immaculée, y déposer l'hommage de leur confiance et de leur amour, et s'en

---

(1) Ces prêtres étaient, à cette époque, au nombre de sept, comme nous l'apprend l'acte cité.

(2) *Les Eglises, Chapelles, Lieux de dévotion et de pèlerinage de l'ancien diocèse de Mende*, par F. André, archiviste.

retourner en bénissant son nom. Car là aussi, par la bonté de Dieu, qui a remis, disent les saints, le trésor de ses grâces entre les mains de Marie, on pouvait dire, comme aux jours du Sauveur : les aveugles voient, les sourds entendent, les paralytiques sont guéris... Qui pourrait nombrer les grâces miraculeuses obtenues dans cet humble sanctuaire, par la puissante intercession de celle à qui Jésus ne peut rien refuser, et qui ne sait rien refuser elle-même à ses enfants ! Celles qu'on avait déjà obtenues et que publiait au loin la renommée, en ajoutant encore à la confiance et en ranimant la foi, de jour en jour, en amenaient sans cesse de nouvelles, et en préparaient une effusion plus abondante.

« Et ce n'était pas sur les seules infirmités corporelles que s'exerçait la vertu miséricordieuse de la Reine des cieux. Combien de pécheurs par elle ramenés de leurs égarements ! Combien d'âmes faibles et languissantes soutenues et fortifiées ! Combien d'âmes timides, accablées sous le poids de l'affliction, quelquefois désespérées et sur le bord de l'abîme, ont trouvé, près de Marie, la force, la consolation et l'espérance !

« Ces grâces et ces faveurs signalées peuvent seules expliquer, en les motivant, la dévotion à Notre-Dame de Quézac, et cette confiance sans bornes qui a conduit à son autel les générations qu'on a vu s'y succéder sans interruption pendant des siècles. » (1)

____

(1) *Notre-Dame de Quézac.*

CHAPITRE VIII

Première prise de Quézac
par les protestants

(1562)

Les Cévennes deviennent protestantes. — Procession des paroisses d'Ispagnac et de Quézac pour obtenir d'être préservées de l'hérésie. — Quézac est pris par les protestants en 1562, destructions qu'ils y opèrent.

L'Eglise de Dieu est sujette en ce monde, comme Jésus-Christ son divin Fondateur, à la contradiction : *signum cui contradicetur*. Ses institutions particulières n'échappent point à cette loi. Le sanctuaire de Quézac avait joui, surtout depuis que le B. Urbain V l'avait doté d'une Collégiale, d'un éclat remarquable. La Mère de Dieu l'avait rendu célèbre entre tous les lieux de pèlerinage du Gévaudan et du Languedoc, par le grand nombre de faveurs miraculeuses que son intercession y opérait. L'hérésie protestante, jalouse de la gloire du sanctuaire et plus encore cupide de ses richesses, allait le plonger momentanément dans la ruine et la désolation.

Déjà des signes précurseurs de l'orage s'étaient montrés dans le territoire même où le Chapitre étendait sa juridiction. La séparation publique des paroisses des Cévennes d'avec l'Eglise catholique ne commença qu'en 1559. Mais l'esprit trop crédule et le cœur trop épris des biens de la terre d'un certain nombre de ses habitants, s'en étaient déjà détachés depuis quelques années. Ce furent des colporteurs envoyés de Genève qui allant, sous le prétexte de négoce, de village en village, introduisirent les premiers germes de la Réforme dans les Cévennes. Leur façon de prêcher était aussi suggestive que simple. Ils offraient une Bible cachée parmi leurs ballots de marchandise, ajoutant que sa lecture jointe au chant des psaumes remplaceraient le sermon et la messe. Il ne fallait pas être très perspicace pour comprendre que si l'on pouvait ainsi suppléer le sermon et la messe, plus besoin ne serait ni de curés, ni de dîme, ni de biens ecclésiastiques. On devine quel poids une pareille considération devait donner à la religion prétendue réformée dans « ce pays rude et âpre s'il y en a en France. » La religion nouvelle était d'ailleurs d'une pratique commode : plus de confession, plus de jeûne ni d'abstinence ; au nom du libre examen, liberté de croire ce qu'on voudrait et de régler sa conscience comme on l'entendrait. Les Cévennes se laissèrent séduire et perdirent du coup le trésor inestimable de la vraie foi.

A mesure que les idées nouvelles gagnaient les esprits, elles eurent leur répercussion dans les mœurs. Les blasphèmes, les injures contre la Religion et ses ministres, les larcins, les fraudes dans les ventes, se multiplièrent dans les Cévennes et dans les territoires qui dépendaient du Chapître de Quézac (1). Les archives départementales de la Lozère conservent encore le texte (2) de proclama-

---

(1) Nous rappelons que ces territoires étaient, dans les Cévennes, ceux du bénéfice du Pompidou.

(2) G. 2.242.

tions faites en langue vulgaire, entre les années 1515 et 1551, par ordre du Chapître cathédral de Mende, à Quézac et dans les lieux de sa juridiction. Défense y est faite aux justiciables du Chapître (de Quézac) de blasphémer, d'injurier, de tenir des assemblées illicites, de commettre des larcins, de frauder dans la vente des denrées, de tenir du bétail dans la propriété d'autrui etc. L'arbre se juge par ses fruits : la Réforme montrait ce qu'elle était et ce qu'elle valait.

Ne se contentant pas des proclamations destinées à paralyser les effets de l'hérésie, les chanoines de Quézac et le prieur d'Ispagnac voulurent empêcher le principe lui-même de germer dans leurs paroisses. Pour cela « ils tournèrent leurs regards, raconte l'abbé Buisson (1), vers Celle qui a vaincu toutes les hérésies. Une procession solennelle est annoncée ; on y portera en triomphe la statue miraculeuse de la Reine des cieux, pour obtenir de sa bonté que pas un seul des habitants des deux paroisses n'ait le malheur de tomber dans l'apostasie. Le pieux projet s'accomplit et la procession se fait avec toute la pompe dont pouvait l'entourer la foi la plus vive et la confiance la plus parfaite. Deux chanoines de Quézac et deux moines d'Ispagnac prennent respectueusement l'image sainte dans son sanctuaire et ils vont, accompagnés d'un peuple immense, plein de ferveur et d'allégresse, la déposer dans l'église d'Ispagnac, où elle doit rester pendant la nuit pour être reportée le lendemain avec la même pompe dans le lieu de son repos. Mais,

---

(1) *Notre-Dame de Quézac.*

dit la tradition (1) du pays, Marie ne veut point abandonner, même pour une nuit, son sanctuaire; et le jour suivant, à l'office du matin, la sainte statue se retrouve sur son trône, au grand étonnement des nombreux témoins de ce prodige ».

Cette manifestation pieuse et confiante fut exaucée. La défection générale des Cévennes s'arrêta aux portes d'Ispagnac et de Quézac, qui restèrent catholiques.

Toutefois Quézac était trop rapproché d'un ardent foyer de l'hérésie pour que sa Collégiale et les trésors de son église n'eussent point à redouter des pillages et des destructions sacrilèges. Durant les guerres de Religion, les protestants s'emparèrent trois fois du collège fortifié des chanoines. Nous allons dire les ravages qu'ils opérèrent, sur les attestations des chanoines et de quelques habitants, attestations qui furent consignées dans des actes notariés dont les Archives départementales de la Lozère gardent la minute.

En 1562, les protestants avaient pris prétexte d'une querelle survenue à Vassy entre les gens du duc de Guise et quelques partisans de la religion prétendue réformée, pour prendre les armes, piller les églises, s'emparer des biens ecclésiastiques, mettre à mort des prêtres et des catholiques. Le Gévaudan eût à souffrir dès les premières hostilités.

---

(1) Ce fait, qui paraît si extraordinaire, consigné dans les archives du Chapître, m'a été raconté par les chanoines déjà cités (l'abbé Cruveiller et l'abbé Grégoire), par deux veillards nonagénaires et par M. Grégoire, ancien notaire d'Ispagnac (note de l'abbé Buisson).

« Environ le 20 de juin, raconte Théodore de Bèze, dans son Histoire des Eglises réformées (1), ceux des Cévennes conduits par le baron d'Alais entrèrent à Jamborigaud (2).

« Mais au lieu d'y planter la religion ils ne firent que piller et brûler: Le quinzième de juillet en fut fait autant au fort de Quézac (3), où fut brûlée *une image de Notre-Dame fort renommée* et n'y fut épargné le pillage des reliques et autres ornements qui se trouvèrent monter à deux cent octante marcs d'argent (4) que les soldats à la vérité cherchaient plutôt que la gloire de Dieu. Sur la fin du même mois, ceux qui avaient pris Quézac étant la plupart de Marvejols, vinrent droit à Mende où ils entrèrent par composition. »

L'historien protestant mentionne seulement la prise du château-fort de la Collégiale et le pillage des trésors de l'église. Les dépositions des chanoines et des habitants de Quézac ou de lieux circonvoisins, nous fournissent une relation (5) circonstanciée de cet évènement.

« L'an 1563 et le lundi 18 octobre, environ l'heure

---

(1) Tome I.

(2) Chamborigaud (Gard).

(3) Le fort de Quézac était le collège des chanoines.

(4) Le marc était une unité de poids équivalant à la demi-livre. 280 marcs d'argent exprimaient la valeur de 280 demi-livres d'argent monnayé. On lira plus loin à combien les chanoines estimèrent cette perte.

(5) Série G. 2.240. Ce procès-verbal a été publié dans les *Documents historiques et inédits sur les Guerres de Religion en Gévaudan*, par Ferdinand André, archiviste du département, tome II, page 21.

de midi, au lieu de Quézac, devant la porte principale de l'église, par devant M⁰ Guillaume Grégoire, notaire royal, baile de la ville d'Ispagnac et
lieutenant de juge royal du Gévaudan, s'est présenté Robert Nempde, doyen, assisté de Jean Gar-
nier, Jean Lagarde, Pierre Hermentier, chanoines
du vénérable collège de Quézac. Lequel doyen a
exposé être notoire l'église du dit lieu de Quézac et
clocher avoir été en bon état, de grande valeur,
ornée de verrines, autels, chaires, etc.; pareillement
le château-fort, collège où habitaient les dits chanoines et les tappiers (maisons) qui étaient autour
du dit fort, munis de meubles et ustensiles, de
titres et papiers, de livres, reliquaires, joyaux et
ornements de l'église, d'une valeur de 25 à 30
mille livres tournois pour le moins; que par les
incursions des capitaines et soldats en armes, des
gens de la nouvelle religion, dits Ugneaulx, qui les
prirent par force, l'église et le collège du dit Quézac
furent saccagés et pillés au mois de juin 1562.
Semblablement se sont approprié les provisions
tant du commun que des particuliers renfermés
dans les dits fort et tappiers jusqu'au 9 juin 1562,
ont mis presque en ruines les dits église, clocher,
fort et tappiers, et ont tenu le dit fort jusqu'en avril
dernier (1563) où il a été repris par le seigneur de
La Vigne. Comme il a plu au roi de remettre les
ecclésiastiques en leurs biens et revenus, liberté et
prééminences, suivant son édit (1), les dits doyen
et chanoines prétendaient se mettre dans le dit fort

____

(1) Edit de pacification d'Amboise (1563).

et église pour y faire et continuer le divin service, et voyant les dites ruines et démolitions faites, depuis le dit jour 9 juin 1562, jusqu'au jour qu'il fut repris par le dit seigneur de La Vigne qui était le mercredi saint du mois d'avril dernier (1563), avant d'y entrer, il leur était nécessaire de faire acte de notoriété des dites ruine et perte pour en avoir réparation quand et contre qui il appartiendrait. »

Le dit an et même jour, au même lieu et par devant encore Guillaume Grégoire, en présence des doyen et chanoines susdits et de Jean Deleuze et Claude Inard aussi chanoines du dit collège, la vérité de cette déclaration fut d'un commun accord attestée par des habitants de Quézac et des lieux circonvoisins (1). De la déposition de ces derniers nous extrayons quelques informations complémentaires. « Pendant le temps que ceux de la dite nouvelle religion demeurèrent au dit fort (collège du Chapître) et même le jour de sa prise, ils dévalisèrent la dite église, les verrines, chaires de bois du chœur, autels et images et s'approprièrent quatre cloches du dit clocher. Ils ont pareillement dévalisé les archives, titres et documents, les portes et fenêtres, la chambre où l'on tenait les reliques, joyaux

---

(1) En voici les noms : Durand et Pierre Julien, père et fils, Guillaume Sirieire de Faux, Guillaume Douzel, Antoine Mathieu, Claude Gelade, Antoine Fournier d'Ispagnac, Raymond Mathieu, Etienne Pagès, Pierre Prouhèze, Guillaume Passebois de Molines, Louis Sevanier, Jean Vidal, Jean Montet, Jean Serre, Antoine Vignolles, Jean Vigier, Pierre Vigan, Jacques Agulhon, Pierre Couret de Faux, Guillaume Velay, Jean Savy habitants du dit Quézac.

et vêtements-sacrés ; ils ont pareillement rompu et dévalisé le petit pont allant du fort à l'église ; ils ont rompu les orgues de la dite église et six autels qui y étaient ; une grande quantité et abondance de vivres, tant blés, farines, vins, chairs et autres munitions et victuailles appartenant tant aux dits chanoines qu'aux particuliers qui les y avaient mis, les croyant sauver dans le fort, furent, par les gens de la dite nouvelle religion, mangés, bus et gâtés (1).

Enfin, un procès-verbal de l'année 1595 sur les divers ravages des protestants à Quézac mentionne « qu'en l'an 1562 le couvert de l'église fut brûlé, comme aussi la maison de l'hôpital du dit lieu avec 9 lits garnis » (2).

La première prise de l'église et du collège des chanoines de Quézac ne fut pas accompagnée de massacres. Un registre des archives départementales de la Lozère (3) mentionne que les protestants bien qu'au nombre de 3 à 4 mille hommes (4) ayant souffert plusieurs assauts, avaient délibéré de ruiner et démolir le dit collége et « copper la gorge aux dits chanoines qui étaient dedans, ce qu'ils

---

(1) Archives dép. Loz. G. 2240. *Documents hist. et inéd. sur les guerres de Religion en Gévaudan*, tome II.

(2) Archives dép. Loz. G. 2240. *Documents hist. et inéd. sur les guerres de Religion en Gévaudan*, tome II.

(3) Série E, folio 280, registre de Mᵉ de la Boude.

(4) Ce chiffre est conforme à celui du récit de la prise de Mende au mois de juillet par les troupes de Religionnaires qui venaient de s'emparer de Quézac. Cette relation parle de 22 enseignes et 4000 hommes ou plus. *(Documents historiques et inédits sur les guerres de Religion en Gévaudan, tome II.)*

eussent fait, étant en grande furie, sans la grâce de
Dieu et le moyen qui fut trouvé avec certains capitaines de faire retirer le camp; et, à ces fins,
pour la solde des soldats, pour mitiger leur furie,
leur auraient promis la somme de 910 livres 15 sols
tournois. Laquelle somme il avait été convenu de
leur donner avant que de pouvoir faire retirer le
camp. »

Telles furent les destructions que les protestants
opérèrent à l'église et à la collégiale de Quézac
dans cette première invasion. Les reliquaires,
joyaux, et ornements de l'église, d'une valeur de
25 à 35 mille livres, furent pillés. Les vitraux, les
stalles des chanoines, la chaire, les tableaux, les
statues, les orgues, les six autels furent rompus; le
couvert de l'église brûlé; le clocher de l'église
presque détruit et quatre cloches emportées. Un
petit pont qui faisait communiquer le château et
l'église fut coupé. Les titres et documents de la
Collégiale furent dévalisés; le château saccagé, ses
portes et fenêtres enlevées. Enfin l'hôpital contenant
neuf lits garnis fut livré aux flammes.

CHAPITRE IX

Deuxième et troisième prises de Quézac par les protestants

(1567 et 1580)

Quézac est repris par les protestants en 1567 : ruines
qu'ils y font, ils détiennent la maison collégiale et ses
bénéfices jusqu'en 1577. — Merle s'empare de Quézac
en 1580 : pillages, rançonnements, détresse des chanoines et des habitants. — Les chanoines rentrent définiti-
vement en possession de leur maison collégiale, l'an
1582.

L'an 1567, la seconde guerre de Religion ayant
éclaté, les protestants entreprirent un second coup
de force contre Quézac, sous le commandement du
seigneur de Thoras (1). « La maison de la Collégiale
fut brûlée ainsi que le couvert de l'église que le
doyen et les chanoines avaient fait recouvrir. » (2)

Le fort de Quézac ou plutôt seulement « certaines
tours encore habitables » (3) ne furent remises en
l'obéissance du Roi qu'au mois de septembre de
l'année 1577. La garde en fut confiée à François de
Miral, capitaine (4). Les protestants restèrent donc,
cette fois, maîtres, durant dix années, du château
de la Collégiale, et en perçurent les revenus.

---

(1) Le seigneur de Thoras était fils du seigneur de Peyre.
Il avait embrassé le parti de la réforme. Thoras, qui était
alors dans le Gévaudan, fait aujourd'hui, partie du canton
de Saugues (Hte-Loire).

(2) Arch. départ. de la Loz. série G. 2.240.

(3) Arch. départ. de la Loz. G. 2.009.

(4) Arch. départ. de la Loz. registre Desestreyctz fol. 275.

Pendant ce temps, les chanoines, sans abri, se dispersèrent. Quelques-uns, réunis à Mende, y nommèrent, le 22 octobre, 1567, Antoine Yssartel, gradué, à un canonicat vacant par la mort de Jean Lagardier (1). En 1569, le 8 septembre, ils y délibèrent sur le moyen d'assurer le service religieux de la paroisse de Quézac. Les habitants demandent que le service soit fait par Ispagnac, « ville la plus prochaine du dit lieu, tenue en l'obéissance du Roi ». (2)

Vers la fin de l'année 1577, dès que le château eût été remis au capitaine de Miral, le sacristain et les chanoines de Quézac « rentrèrent en leur maison collégiale, résolus à pourvoir dorénavant à la garde et conservation de leur dite maison et église ». Le 2 décembre, ils adressent une requête à Blaise Pojol, doyen, « de se vouloir acheminer au dit Quézac aux dites fins ». Le doyen répond que, « sans l'indisposition de sa personne il y a longtemps qu'il serait allé au dit Quézac, que dès lors qu'il pourra monter à cheval ne faillira y aller » et donne procuration à Jean Testelat, et François de Sallanson, en son absence, de pourvoir au nécessaire (3).

Cette prise de possession fut de courte durée. La nuit de Noël 1579, Merle à la tête de 4 ou 500 hommes disposés à tout, s'empare de la ville de Mende et s'y livre à un affreux carnage. Deux cents personnes, parmi lesquelles beaucoup d'ecclésiastiques, périrent, quelques-unes au milieu d'horribles

---

(1) Arch. départ. de la Loz. série G. 2.227.
(2) Arch. départ. de la Loz. série G. 2.230.
(3) Arch. départ. de la Loz. registre Desestreyetz fol. 302.

tortures. Avec le métal des deux cloches (1) du grand clocher et des treize cloches du petit clocher, Merle fit fondre quatre pièces d'artillerie.

Il fit conduire ces pièces devant la maison et église collégiale de Quézac, « lieu de pèlerinage et grande dévotion », qu'il força et saccagea. « Une partie des chanoines la nuit se seraient garantis. D'autres qui n'eurent moyen de se retirer, furent massacrés ; d'autres faits prisonniers, mis à rançon et contraints d'élire d'autres chanoines au lieu des massacrés par Merle et ses complices. »

« La dite église a été pendant les troubles, par trois fois brûlée et ruinée ; le tout pillé et saccagé, étant la dite église enrichie de plusieurs belles reliques, ornements, tant d'or, d'argent que de soie, et la dite maison pourvue de tous meubles et autres choses nécessaires, autant que maison collégiale de Languedoc, dont la ruine et pillage qui leur a été fait durant les troubles est estimée plus de cent mille écus » (2).

Quelques années plus tard, Jean Testelat, doyen, et Jean Daudé, chanoine, firent, relativement à la prise de Quézac, par Merle, devant Etienne Boniol,

---

(1) L'une, la Non-Pareille, pesait 500 quintaux ; l'autre, 380 quintaux.

(2) Intendit ou sorte de procès-verbal que le syndic du clergé du diocèse de Mende présente, par devant Jean Dumas, commissaire, député par le Roi, pour informer des ruines des églises du docèse de Mende et pays du Gévaudan. *Documents historiques sur la province du Gévaudan*, p. de Burdin, tome II. *Documents sur les guerres de Religion*, par F. André, tome II.

seigneur de Bieisse, lieutenant de juge royal à Ispagnac, les déclarations suivantés : (1)

« En l'an 1580, la dite maison Collégiale fut battue du canon, conduit par le capitaine Merle, et, par ce moyen, forcée et prise ; deux des chanoines tués et plusieurs autres faits prisonniers et rançonnés ; un prêtre du village et un de leurs paroissiens aussi tués. Tout ce qu'ils avaient pu acquérir et remettre dans leur maison collégiale et église fut, de rechef, pillé et emporté, et ensemble tout le revenu et meuble des habitants du dit Quézac. Depuis la première prise de leur maison et église, les doyen et chanoines n'auraient pu jouir, la plupart du temps, de leurs dîmes, rentes et revenus. Ceux-ci auraient été levés par ceux du contraire parti tenant garnison en leur maison et occupant les bénéfices en dépendant, situés au pays des Cévennes, qui est à leur obéissance et dévotion et de fort difficile accès ; le bénéfice de Saint-Flour-du-Pompidou et de Saint-Etienne-du-Valdonnez, auxquels consiste leur principal bien ; le tout ayant été pris et levé longtemps par le dit Merle. Même par délibération publique et autorisée par feu Monseigneur frère du Roi, pour sortir Merle et lui faire quitter la ville de Mende, leur maison lui fut donnée pour retraite, sans en avoir fait aucune récompense aux dits chanoines. Lesquels, à cette occasion, auraient été contraints de vaguer et recourir aux emprunts pour s'entretenir, sur leurs amis, fort longtemps. Etant tellement

---

(1) Procès-verbal de la prise de Quézac à diverses époques, rédigé en 1595. Arch. départ. Loz. G. 2.240. V. Documents historiques et inédits sur les guerres de Religion en Gévaudan, tome II, page 662.

et ci-devant endettés sans avoir fait que bien peu de réparation à leur dite église et maison, qui sont encore la plupart découverts ; qu'ils n'ont à présent moyen de payer beaucoup d'autres dettes qu'ils ont fait aussi pour le paiement des décimes et pour la garde et conservation de leur maison à l'obéissance du Roi, outre plusieurs rentes et revenus qu'ils ont été contraints de vendre ou aliéner. Tant par les moyens susdits que des grandes courses et passages de gens de guerre pendant les susdits sièges et durant les troubles, non seulement les chanoines mais encore la plupart des habitants du dit lieu et paroisse de Quézac, dont les maisons ont été pour la plus grande part brûlées, chargés d'ailleurs de grandes tailles et subsides extraordinaires, joint l'infertilité et la stérilité qui y ont régné ces dernières années et qui se représentent, celle-ci, plus grandes, à cause que la plupart des pauvres paysans ne recueillent pas seulement la semence qu'ils avaient imposée à la terre, sont extrêmement ruinés ainsi qu'il est notoire et évident » (1).

Pierre Mathieu, consul de Quézac, fit, le 10 sep-

____

(1) Les dépositions du doyen et du chanoine sus-nommés sont certifiées, sous la foi du serment, par Guillaume Robert, baile de la Roche, Pierre Mathieu, baile de Quézac, Jean de Broa, chirurgien, Claude Lagarde, Michel Menade, Antoine Corsier, d'Ispagnac, Antoine Albaric, de Montbrun. Ceux-ci déclarent « le savoir pour avoir vu la plupart des dites choses, les uns comme étant lors des temps susdits au dit Quézac, les autres, comme leurs plus proches voisins et pour être choses très notoires et manifestes. » Ils ajoutent que pendant ces troubles « beaucoup de maisons des habitants (de Quézac) ont été ruinées et la plus grande part brûlées et abattues. »

tembre 1584, sur les pillages et rançonnements des soldats de Merle, une déposition où se lisent les informations complémentaires suivantes :

« L'église de Notre-Dame de Quézac était une des plus anciennes de ce pays et fort célèbre par les vœux et pèlerinages que le peuple de tous les lieux de la France, voire même d'Espagne (1) y faisaient...

« Merle, après avoir battu et pris la ville d'Ispagnac et la maison collégiale de Bédouès, ramena les canons en la dite maison collégiale de Quézac, où il mit une forte garnison. Par le moyen de laquelle, il courait tout librement à l'entour, sans que les catholiques ecclésiastiques, ni autres, si bien accompagnés qu'ils fussent, osâssent paraître sans extrême péril de leur vie...

« Après la reddition de la ville de Mende, Merle ne voulut rendre la dite maison collégiale de plus d'un an après, continuant les voleries, jouissance de bénéfices, emprisonnements, rançonnements, impositions et levées de deniers, entreprises sur les villes et lieux tenus sous l'obéissance du roi, comme en pleine guerre.

« Ayant enfin quitté la maison collégiale de Quézac, en l'année 1582, sur la fin du mois d'août, moyennant une bonne somme d'argent (2), ils surprirent bientôt après le fort de Charbonnières. Ils y continuèrent leurs actes d'hostilité, autant et plus que jamais. Si bien que les ecclésiastiques de la

---

(1) Les possessions des rois d'Aragon, en Gévaudan, avaient établi des relations entre ce pays et l'Espagne.

(2) Le 7 juillet 1581, Mathieu Merle avait reçu de noble Sébastien de Pontault, seigneur de Saint-Didier, promesse de la somme de 830 écus, au lieu de la jouissance des revenus et fruits de Quézac.

maison collégiale ne peuvent jouir qu'avec une extrême peine et dépense de leurs bénéfices, parce que s'ils se mettent aux champs pour les jouir, ils sont tout aussitôt en danger d'être tués ou faits prisonniers. Joint à cela le pillage du bétail qui, pendant les troubles derniers, a été conduit aux Cévennes et en Languedoc. Pour raison de quoi, les terres ne peuvent être cultivées et engraissées pour produire ; voire même, il y en a qui sont désertes, les paysans ayant été contraints de les abandonner pour leur extrême pauvreté. » (1)

Les chanoines de Quézac rentrés (2) enfin en possession définitive de leur maison collégiale ne recouvrèrent donc pas immédiatement leur tranquillité. Ils durent garder avec eux des soldats pour se défendre contre les incursions des protestants retirés au château de Charbonnières. Plusieurs fois des tentatives d'escalade furent faites, mais toutes furent heureusement repoussées (3). La prise du château de Charbonnières par les catholiques, mit enfin un terme à ces actes d'hostilité et, après vingt années de troubles et de violences, assura la sécurité du sanctuaire de Notre-Dame de Quézac, de ses gardiens et de ses pèlerins.

---

(1) Doc. hist. sur les guerres de Religion en Gévaudan, tome II. (10 septembre 1554).

(2) Merle fit emporter ou brûler tous les livres, titres, documents, papiers, reconnaissances, hommages, terriers, livres d'église et généralement tous les meubles appartenant aux ecclésiastiques tant du dit Mende, Marvejols, le Malzieu, Quézac, Ispagnac, Bédouès que autres lieux où il serait entré. (Relation de la prise de Mende, du château de Bédouès, Quézac, Ispagnac et autres places par Merle). *Documents historiques sur le Gévaudan, tome II.*

(3) *Documents historiques sur les guerres de Religion en Gévaudan*, tome II.

CHAPITRE X

Restaurations

La statue miraculeuse fut-elle détruite? — Premières
réparations à l'église. — Son agrandissement et ses
dernières restaurations. — Dons pour son nouvel
ameublement, relique de la vraie Croix. — Réparations au collège.

L'orage était passé, mais il laissait des ruines à
relever. Du bijou d'église gothique que les chanoines avaient, dans le commencement du XVe siècle,
construit en l'honneur de la puissante Madone, il ne
restait que des pans de muraille informes. Les
voûtes de la nef et des chapelles étaient effondrées,
les piliers découronnés de leurs chapiteaux, les
contreforts de leurs clochetons, les murailles en
partie démolies, le clocher en ruines; autels, boiseries, ornements étaient à remettre. Du collège, il
avait été conservé quelques parties habitables pour
servir de repaire aux gens de la religion prétendue
réformée.

Les chanoines auraient voulu faire exécuter, sans
retard, les restaurations nécessaires, mais ils se
trouvaient dans un état de grande détresse. Ils
n'avaient pu, depuis de longues années, percevoir
les revenus de leurs bénéfices. Il leur avait fallu
supporter leur part des lourdes contributions de
guerre ainsi que les dépenses et soldes de la garnison catholique, tout le temps que celle-ci avait
occupé le fort de Quézac. Ils avaient eu encore à
subvenir à leur propre entretien, ce que plusieurs

n'avaient pu faire qu'en s'adonnant à des travaux manuels. Aussi, les premières restaurations ne commencèrent-elles qu'en 1590, et fallut-il, tant le désastre avait été profond, plus d'un demi-siècle pour les mener à bout.

Mais avant d'entrer dans le détail de ces réparations, il est un point sur lequel nous devons nous arrêter quelques instants. L'historien protestant Théodore de Bèze raconte que les religionnaires brûlèrent à Quézac une image de Notre-Dame fort renommée. Un autre auteur protestant, Jean de Serres, mentionne le même évènement dans son *Recueil des choses mémorables avenues en France, depuis l'an 1547 jusqu'au commencement de l'an 1597.* « Sur la fin de juin, ceux des Cévennes, surprirent un bourg nommé Jamborigaud. La religion qu'ils y plantèrent fut de piller et brûler quelques maisons. Quinze jours après, entrés à Quezac, ils brûlèrent une image, surnommée Notre-Dame de Quézac, fort renommée au pays, firent un butin de reliques et autres tels ornements, montant à 280 marcs d'argent (1) ».

La statue de Notre-Dame aurait donc été brûlée lors de la première prise de Quézac. C'est la version protestante. Faisons remarquer, dès maintenant, que les informations de Théodore de Bèze et de Jean de Serres ne sont pas précises. Ils fixent, l'un au 15 juillet, l'autre vers la mi-juillet, la prise de Quézac, tandis que les attestations des chanoines

---

(1) Ce récit, presque identique dans les termes, à celui de Théodore de Bèze, semble dériver de la même source d'information.

et des habitants du lieu, évidemmént mieux renseignés, la plaçent au 9 juin.

La version catholique est double. L'une, celle qui serait, sans contestation possible, la plus digne de foi, ne nous fournit qu'un témoignage négatif. Aucun des procès-verbaux qui énumèrent les destructions opérées par les protestants à l'église ou à la maison collégiale de Quézac, ne fait mention de la perte de la statue miraculeuse. Ces pièces relatent les déclarations des chanoines et des habitants du pays, témoins oculaires des évènements. Comment, dans l'inventairé des ruines, auraient-ils oublié la statue de la célèbre Madone, assurément le premier trésor du sanctuaire, si les protestants l'avaient réellement brûlée? Puisque les religionnaires, quoiqu'au nombre de 3 à 4.000 hommes, furent obligés de livrer plusieurs assauts pour s'emparer de la place, les chanoines n'auront-ils pas profité de ce délai pour cacher l'image vénérée et la soustraire à la fureur des fanatiques? Facilement nous pencherions pour l'affirmative si elle était seulement contredite par les historiens protestants, ainsi que nous l'avons fait observer, vaguement informés.

Mais la tradition locale est que la statue de Notre-Dame fut détruite par les protestants. L'abbé Buisson qui l'a recueillie y a simplement adhéré ne connaissant pas les procès-verbaux que nous venons de reproduire. Il dit, dans son opuscule de Notre-Dame de Quézac: « Le vénérable Chapître se hâta pour consoler les fidèles, autant qu'il était en son pouvoir, de leur rendre la statue miraculeuse, en lui en substituant une nouvelle, qui put aussi élever leur pensée jusqu'à leur céleste protectrice. »

Toutefois, il semble que le silence des procès-verbaux, difficile à expliquer, dans le cas où l'image miraculeuse aurait été brûlée (1), soit de nature à faire planer un doute sérieux sur cette disparition. Hâtons-nous d'ajouter que cette question, aujourd'hui impossible à trancher, n'a pas d'importance pour la dévotion à Notre-Dame de Quézac. Nous verrons, dans la suite de cette histoire, qu'après comme avant, ce sanctuaire fut fréquenté par de nombreux pèlerins; qu'après comme avant, la Mère de Dieu y prodigua les grâces et les faveurs miraculeuses.

Les restaurations à l'église commencèrent, en 1590, par la réfection de la toiture du chœur. Le prix fait de cette réparation conservé aux Archives départementales de la Lozère (2) nous apprend que le doyen et les chanoines de l'église collégiale de Notre-Dame de Quézac firent, pour cet objet, en cette année 1590, une convention avec Pierre Méjean, maçon. Celui-ci accepta « de recouvrir le chœur de l'église, des deux piliers jusqu'à l'égout devers le cimetière, de hausser les deux piliers à l'égal du plus haut des fenestrages, de bâtir sur les deux piliers un arc et au-dessus d'icelui le nécessaire, de

----

(1) Dans cette hypothèse, la statue détruite aurait-elle été en argent massif comme plusieurs l'ont cru ? Cela ne paraît point. Les historiens protestants ont écrit que l'image de Notre-Dame de Quézac *fut brûlée.* Elle était donc en bois. C'est la conclusion qu'en tire aussi le baron de Chapelain dans sa *Notice sur le sanctuaire de Notre-Dame de Quézac.* D'ailleurs la statue que les chanoines auraient substituée à la première dut lui être semblable : or, la statue actuellement existante est en bois de noyer.

(2) Série G. 2.224.

hausser le tout comme était au témps passé » (1).
Le chœur ne fut pas, de cette fois, voûté, mais couvert « seùlement avec bois et tuiles » (2).

La nef de l'église resta encore 13 ans découverte après le recouvrement du chœur. C'est en 1603 que cette restauration fut commencée par Pierre Leneville, architecte, de Mende. Celui-ci s'engage à faire deux piliers de la hauteur de deux cannes (3) et demi, y compris le fondement, pour racheter l'alternance des arcs; de faire 2 grands arcs de 4 cannes dans l'œuvre qui traverse la dite église et bâtir au-dessus des dits arcs pour supporter le couvert et lui donner la hauteur d'icelui; plus, faire 2 petits arcs des deux chapelles du côté du cimetière et bâtir dessus les dits arcs pour supporter le dit couvert; plus, faire les murailles du côté du cimetière et les deux fenêtres; hausser les murailles à la proportion du couvert, comme est déjà celui (du chœur) qui est fait » (4).

En 1605, Pierre Julien, charpentier, refait la charpente et pose l'ardoise de la nef de l'église et chapelles reconstruites. Il fournit le bois qui devait être « de pin et sapin quant à la grande futaille des combles et quant aux ais aussi de bois de pin ou autre, de blancheur bonne et sans diversité » (5).

---

(1) Coût : 36 écus 2/3, plus 5 setiers de blé, le Chapitre ayant à sa charge la fourniture et le transport des tuiles, bois, pierres, chaux et sables.

(2) Le mot tuile est ici employé pour ardoise.

(3) La canne valait 2 mètres.

(4) Arch. départ. de la Loz. G. 2.224.

(5) Arch. dép. de la Loz. G. 2.224. Le prix est de 380 livres de vingt sols chacune ; les chanoines restent chargés d'acheter et faire apporter l'ardoise à leurs dépens. La livre, qui, comme unité de monnaie, correspondait au franc, avait, à cette époque, une valeur rélative d'échange 3 ou 4 fois supérieure à la valeur actuelle du franc.

Après l'église, fut restauré le clocher. L'an 1606, Antoine Morelhard, maçon, accepte de « réédifier ce qui se démolit du clocher de la dite église (1) et de le couvrir. Pour laquelle œuvre il sera tenu de bâtir la paroi du côté de l'église et la hausser à l'égal du reste ; y faire les fenêtres et remettre celle qui est imparfaite pour les ouies du clocher ; poser quatre grands sommiers au milieu du clocher ; mettre des planches bien dressées au couvert » (2).

En 1610, sont réédifiées les trois fenêtres du côté du septentrion. Jean Rocoplan, chanoine du Chapitre, prend sur lui de faire exécuter cet ouvrage. Il sera tenu « de remettre les pierres qui se trouvaient rompues proportionnées à celles qui y sont encore ; de faire poser à chacune des dites fenêtres un pied droit de pierre de taille et une grille de fer dont les barres transversales seront fixées au pied droit et sur lesquelles seront posées trois barres en long ; de faire apposer à chacune des fenêtres une vitre semblable à celles des fenêtres du côté du cimetière » (3).

Les restaurations essentielles à l'église collégiale de Notre-Dame de Quézac étaient ainsi opérées. On n'avait fait que le nécessaire et l'on n'y avait mis de l'art qu'avec mesure, sans doute en propor-

---

(1) Le nouveau clocher fut donc réédifié là où était le clocher démoli par les protestants.

(2) Arc. dép. de la Loz. G. 2.224. Le prix est de 500 livres tournois : l'ouvrier fournira le bois et les tuiles nécessaires, les chanoines feront porter celles-ci à l'église.

(3) Arch. dép. de la Loz. G. 2.224. Pour le prix de cent livres.

tion de la pénurie des ressources. La reconstruction
des fenêtres du chœur avait été notamment si mal
traitée que nous verrons, près de trois siècles plus
tard, un Curé de Quézac, (1) homme de goût, reprendre cette mauvaise restauration. On n'avait
non plus voûté ni le chœur, ni l'église.

Après avoir laissé trente ans les choses en l'état,
en 1642, les chanoines se résolurent à faire voûter
le chœur, en même temps qu'agrandir l'église. Cet
agrandissement est rendu nécessaire par « la
grande multitude de peuple qui y vient en pèlerinage et s'y rencontre si pressé que la moitié des pèlerins reste hors de l'église. A cause de quoi, leur
dévotion n'est pas aussi bien accomplie qu'ils pourraient le désirer. Afin d'y obvier, pour la plus grande
gloire de Dieu et la satisfaction des pèlerins, les
chanoines ont délibéré qu'il était nécessaire d'augmenter la dite église, tant en longueur que pour y
faire des galeries en bois du long d'icelle, du côté
du septentrion » (2).

Le prix fait de ces travaux fut traité avec Claude
Tuffier et Pierre Lacroix, maçons, de Sévérac.
Ceux-ci seront tenus de « voûter le chœur de
l'église, où est au-dessous le grand-autel de Notre-
Dame, de faire la dite voûte en *croiziers* (3) et
prendre la naissance de cette voûte aux masures
vieilles qui apparaissaient au chœur (4); de remettre,

---

(1) L'abbé Valgalier, dont nous parlerons plus loin.
(2) Arch. dép. de la Loz. 6. 2.224.
(3) Arcs croisés.
(4) La voûte du chœur ne fut pas cependant reconstruite
au niveau de la voûte primitive dont les traces ont été récemment retrouvées. Les nervures des arêtes de cette voûte

après, le couvert à proportion du reste du couvert de la dite église et conserver les fenêtrages qui sont au dit chœur sans les endommager.

« Plus, faire de neuf une porte de pierre de taille de la largeur de sept pans (1), à la muraille du dit chœur qui regarde la tour, dessous la lune en rond qui donne clarté au dit chœur, et sur la dite porte appuyer une grande pierre de taille et y graver les *armoiries du Chapître qui sont celles du Pape Urbain V*, de bonne mémoire ; au côté de la dite porte faire une montée en tour, pour monter au dit chœur et hausser la porte de l'entrée du dit chœur, à proportion, comme a été désigné. Plus, faire une porte de pierre de taille, derrière le siège du sacristain, pour aller à la galerie que les dits (maçons) seront tenus de faire, hausser la porte de l'entrée qui est à présent au clocher ; et faire une porte pour descendre de la galerie dans la sacristie et des degrés en rond.

« Plus, seront tenus de hausser la muraille de la dite église du côté du septentrion, à l'égal de la muraille qui est du côté du midi pour rendre le toit régulier et (empêcher) que l'eau ne puisse endommager le couvert, et remettre après, le dit couvert en bon état. Plus, hausser le portail qui est au

---

furent sans doute empruntées à d'anciens matériaux, car elles sont très irrégulièrement appareillées. Dans la première réparation du chœur les contreforts de l'abside furent sacrifiés. On les découronna des pinacles ouvragés qui les surmontaient et on ne conserva que la partie inférieure : d'un contrefort à l'autre on plaça une pièce de bois, formant sablière, à laquelle vint s'arrêter le bord de la toiture.

(1) Chaque pan représentait 0 m. 25.

dit chœur, sous les chaises (sièges des chanoines),
le hausser de deux pans et y apposer deux chaises
semblables à celles qui y sont déjà, une de chaque
côté, une pour le doyen et l'autre pour le sacristain, et faire le pupître au dedans d'icelles.

« Plus, faire une galerie boisée qui prendra son
commencement à la porte devers le siège du sacristain (1), et finira à la porte de l'entrée du dit clocher,
la dite galerie sera balustrée de bois de noyer bien
et dûment, regardera la nef de la dite église et, du
devers d'icelle, du côté des chapelles, sera garnie
d'ais bien unis et rabotés ; les piliers de la dite galerie seront de pierre de taille, en colonne, bien bâ-
tis et assureront les balustres si bien qu'en aucune
façon ils ne se puissent ébranler et y (seront) appo-
sées des barres de fer pour les mieux arrêter ; la
dite galerie aura neuf pans de largeur (2 mèt. 25) » (2).

L'année suivante, 1643, les chanoines de Quézac
« à la prière et assistance de Monseigneur l'Evêque
de Mende (3) donnent les voûtes de la nef (4) et des

---

(1) Faisons remarquer que le dit prix-fait porte la construction d'un nouveau siège pour le sacristain dans le
chœur. La galerie n'existe plus aujourd'hui.

(2) Arch. dép. de la Loz. G. 2.224. Le prix est de 600 livres.
Les maçons fourniront les manœuvres et matériaux nécessaires.

(3) Mgr de Marcillac.

(4) La charpente de la nef avait été établie d'une manière
très élémentaire, imposée sans doute par la rareté du bois;
de lourdes maçonneries furent construites sur les arcs-dou-
bleaux de la nef, et sur ces maçonneries, d'un arc à l'autre,
reposaient les pannes qui supportaient la couverture. Cet
état de choses a duré jusqu'en 1900, à cette date la surcharge
des arcs a été enlevée.

chapelles de l'église, à prix fait, à Jean Farjon, maitre maçon, de Mende. Celui-ci doit « faire trois grands *croiziers* (arcs croisés) en ogive, de pierre de taille, mettre deux grands piliers à l'endroit où ils étaient anciennement et semblables à ceux qui y sont aujourd'hui ; faire l'aile du côté de l'autel de Sainte Anne, qui contienne trois croiziers, les arcades qui soutiendront les dits croiziers seront de la hauteur des dites chapelles et prises sur leurs vieilles naissances ; plus de voûter la chapelle de la Croix, ensemble celle de sainte Antoine, avec des ogives ; de poser et mettre les armoiries du Chapitre aux clefs de chacune des dites voûtes et de celles de la nef ; de donner un mortier rabattu à la truelle dans la grande voûte et celle des chapelles (1).

'En même temps étaient posées, par Jacques Boyer, menuisier, de Mende, des balustrades au chœur et aux chapelles. Cette même année, en effet, 1643, cet ouvrier recevait commission des chanoines de Quézac « de balustrer le devant du grand autel de hauteur de 13 pans (3 m. 25), de placer, au milieu, une porte qui s'ouvrira en deux, de 4 pans (1 mètre) de largeur, au bas sera un marche-pied en bois, 1 pan et demi (0 m. 375) de largeur, pour s'agenouiller, et seront (les balustres) de bois de noyer ; de mettre. à l'endroit de la porte, un frontispice avec les armes du Chapitre ; de faire autres six

---

(1) Arch. dép. de la Loz. G. 2.224. Coût 500 livres chacune de 20 sols, plus 3 setiers de blé, 12 cartes de seigle, 12 d'orge, 1 charge de vin ; sont donnés en outre, le grand pinoul de Pratpanoul, celui du pré du pont, 7 ou 8 moins dommageables qui seront marqués par le syndic du Chapitre et divers matériaux.

balustres, 1 à chaque chapelle de la dite église, de
la hauteur de 12 pans (3 mètres), desquels 4 pans
(1 mèt.) en bas de panneaux, le reste en balustre,
au milieu desquels une porte de 3 pans de largeur
qui s'ouvrira d'un côté seulement (1).

Ainsi, soixante ans après le départ des protestants,
l'église collégiale de Quézac fut, enfin, selon l'ex-
pression employée, dans l'état des choses mémorables arrivées à la maison de Quézac depuis 1626 (2),
« remise en son premier état quant au bâtiment ».
Jusqu'à la restauration entreprise, à la fin du XIXe
siècle, par l'abbé Valgalier, il n'est pas fait mention
d'autre réparation, si ce n'est de la construction, en
1760, de la voûte de la tribune, du mur du côté du
château et de la grande porte de l'église (3), enfin,
vers 1840, de l'exhaussement du clocher.

Les chanoines de Notre-Dame de Quézac avaient
eu plus qu'à restaurer l'église, « quant au bâtiment. » Il leur avait fallu y remettre des ornements
et des vases sacrés pour le service décent du culte
dans le sanctuaire. A cela ils furent, comme par le

____

(1) Arch. dép. de la Loz. G. 2.224. Le prix fait est de 420
livres.

(2) Arch. dép. de la Loz. G. 2.224.

(3) Pour le prix de 1.120 livres. Ce qui reste de la porte
primitive est très conforme aux traditions du XVe siècle.
Une archivolte, finement moulurée, ornée des crosses
végétales classiques, surmontait le tympan et le linteau ;
ce dernier était soutenu par un meneau sculpté qui divisait
l'ouverture en deux vantaux.
Le tympan, le linteau et le meneau ont disparu, sans
doute en 1760. Il reste du meneau un appareil noyé dans la
maçonnerie, qui constitue la porte très vulgaire actuelle.

passé, aidés par la générosité des fidèles, dévots à Notre-Dame de Quézac. Parmi les dons reçus, mentionnons l'achat d'un calice et de burettes d'argent, par Antoine Buisson, seigneur de Ressouches, receveur de deniers à Mende (1) et d'une lampe en argent, offerte par Gilbert, seigneur de Saugues, lieutenant en la cour du baillage du Gévaudan, tandis que sa belle-fille, de la maison de Broguier, donnait à l'image de la Sainte Vierge une robe de damas cramoisi, d'une valeur de 150 livres (2).

Les aumusses furent remises en usage parmi les chanoines (3) ainsi que les chapes (4).

En 1767, est placé un autel en marbre sorti des ateliers de Thomas Contestabit, marbrier, de Montpellier (5). L'an 1770, est achetée une tapisserie d'Aubusson pour le prix de 600 livres.

L'année 1782, David de Malbosc (6), natif de Quézac, docteur en théologie et recteur des hôpitaux de Paris, donne à l'église de Notre-Dame de Quézac une relique de la vraie Croix, authentiquée et par l'archevêque de Paris et par l'évêque de

---

(1) En l'an 1643, coût 300 livres.

(2) En 1639.

(3) En 1639, dix aumusses furent achetées à Lyon. (Arch. dép. de la Loz. G. 2.224).

(4) En 1654 seulement. (Ibidem).

(5) Arch. dép. de la Loz. G. 2.224. Coût 1200 livres, plus 600 livres pour les boiseries.

(6) Dans le dix-huitième siècle, trois de Malbosc-Montvert ont été doyens du Chapitre de N.-D. de Quézac : Jean-Louis de Malbosc, seigneur de Miral, mort en 1719, Pierre de Malbosc, qui signa le vœu de 1721, Antoine de Malbosc, doyen depuis 1739 jusqu'en 1787.

Mende (1). Cette très sainte relique, accueillie par une fête très solennelle, est encore conservée dans l'église de Quézac.

Parallèlement à la réédification de l'église avaient été exécutées des réparations au collège des chanoines. On trouve encore aux Archives départementales plusieurs prix faits des travaux qui furent opérés.

En 1592, Jean Vello, maçon de Faux, fait une convention avec Antoine Bazalgette, chanoine, syndic du Chapître de Quézac, par laquelle il accepte « de refaire de neuf le corridor qui est au devant de la chambre du dit syndic, prenant de la chambre du doyen jusqu'à la porte de la chambre du clerc. » (2)

Le même Jean Vello s'engage, en 1608, à « couvrir la grande tour découverte du collège, à tuile, sur le pilier droit comme il était au passé ; faire les parabandes, au-dessus les machicoulis de la tour faire deux voûtes et parachever la voûte plus basse de la tour et ce qui se ruine d'icelle ; mettre en bon et dû état, les degrés de simple pierre pour servir aux dites deux voûtes, comme était anciennement, ainsi qu'apparaît autour d'icelles ; apposer à chacune des chambres de la tour qui sont au-dessus des dites voûtes, sept poutres de pin, sapin, châtaigner ou chêne.

« De même, sera tenu le dit Vello, de réédifier la muraille et tourelle de la salle, dite d'Albange,

---

(1) Arch. dép. de la Loz. G. 2.224.
(2) Arch. dép. de la Loz. G. 2.224.

aboutissant au carré de la tour, étant la tourelle au bout de la muraille, et la montée comme au temps passé ; couvrir en tuiles et poser 12 machicoulis de pierre ; bâtir les portes et fenêtres et autres trous (ouvertures) étant à la muraille de la dite salle, devers la basse-cour ; faire un arc de pierre allant de la muraille de la basse-cour à la dite ; remettre la muraille démolie à la même hauteur qu'est le carré aboutissant à la dite tour : faire un marche-pied le long de la dite muraille avec de grandes pierres pour la conservation de la dite muraille..... » (1)

En 1643, les chanoines firent placer une horloge sur la grande tour du collège. La fourniture et la pose en furent faites par Jean Verdier, horloger du Malzieu. Celui-ci doit fournir « l'entier rouage, sa caisse, son poids, cordes, le cadre de la largeur de 2 pans et 3 de hauteur ; le Chapître fournira la cloche. » (2).

(1) Arch. dép. de la Loz. G. 2.224. Prix 300 livres, plus la dîme des blés du bénéfice de St-Etienne-du-Valdonnez pour six années.
(2) Arch. dép. de la Loz. G. 2.224.

CHAPITRE XI

La ville de Mende se voue à N.-D. de Quézac
Mgr de Marcillac, évêque de Mende,
et les pèlerinages

(1630, 1634)

La peste de 1630, la ville de Mende est préservée en se vouant à Notre-Dame de Quézac. — Mgr de Marcillac, évêque de Mende, règle le service des pèlerinages. — Grande mission à Quézac. — Abolition de la vie commune parmi les chanoines. — Les confessions des pèlerins nuisent aux offices du chœur, délibération du Chapître pour cet objet, création d'un vicaire à Quézac.

Pendant ces restaurations, Notre-Dame de Quézac n'avait point interrompu le cours de ses grâces. Aussi, en 1630, les habitants de la ville de Mende vinrent-ils lui demander d'être préservés de la peste. *L'Etat des choses plus mémorables arrivées dans cette maison de Quézac (depuis 1626) (1)* raconte ainsi ce pèlerinage. « En l'année mille six cent trente, la peste ayant moissonné une bonne partie des habitants des villes du Puy, Lyon, Nîmes, Avignon, Montpellier et autres du royaume, même s'étant jetée en quelques lieux du Gévaudan, comme Florac, les Estrets, les habitants de Mende avec le clergé, pour être préservés de ce malheur, se vouèrent à Notre-Dame de Quézac. Ils y vinrent en procession et donnèrent à la dite église: le Chapître, le calice d'argent où sont les armes du Chapître; la ville, une chasuble de damas blanc, au fond et au

____

(1) Arch. dép. de la Loz. G. 2.224.

derrière de laquelle sont les armes de la dite ville, et, par l'intercession de la Bonne-Dame, ils furent préservés de ce malheur. A cause de quoi, les habitants de Mende sont grandement dévots à la dite Vierge et tous les ans ils viennent en troupe à la dite église. »

Pendant combien de temps se fit ce pèlerinage annuel ? Mgr Foulquier, évêque de Mende (1) a laissé sur cette question, à la cure de Quézac, une note écrite de sa main, où nous lisons ce qui suit : « Soit que le vœu du Chapître de Mende fut perpétuel ou non, ce qu'on ignore (bien que la tradition locale porte qu'il était perpétuel) les anciens de la paroisse, au témoignage (1856) de M. le curé Buisson assurent que le chapitre et les habitants de Mende ont accompli en procession le pieux pèlerinage jusqu'en 1750 ou 1760; et que, de plus, jusqu'en 1789, quelques chanoines se rendaient encore à Quézac, à la Nativité de la Ste-Vierge, ainsi que plusieurs autres Mendois, mais non plus en corps, ni en procession; c'est ce que m'a attesté M. le Curé.

✝ Jean A. M.,
Evêque de Mende.

Mgr de Marcillac (2) était-il à la tête des pèlerins de sa ville épiscopale? Le manuscrit précité ne le dit pas.

Nous avons déjà vu cet Evêque donner des gages de sa particulière dévotion envers Notre-Dame de

---

(1) 1848-1873.

(2) Sylvestre de Cruzy de Marcillac, évêque Mende (1628-1660).

Quézac, en aidant les chanoines à restaurer pendant les années 1642 et 1643, son vénéré sanctuaire. Fut-ce en reconnaissance de la gráce insigne que le clergé et les habitants de la ville de Mende avaient obtenue? Ce sentiment de gratitude y eut sans doute quelque part; mais les soins que le zélé Pontife mit à faire resplendir le bon ordre et la ferveur dans ce lieu de pèlerinage et divers actes de son Episcopat dénotent une autre préoccupation de sa sollicitude pastorale.

« Dès son arrivée à Mende, dit l'abbé Charbonnel (1) ce zélé prélat se livra tout entier à l'œuvre de l'extinction du calvinisme dans son diocèse. Sur sa demande, le pieux Louis XIII, établit, à Florac, une maison de capucins. Deux ans après, les fonds affectés à cet établissement venant à manquer, Mgr de Marcillac le soutint lui-même à ses propres dépens. Il appela aussi à son secours des religieux de l'ordre des Feuillans, des Carmes déchaussés et des Pères de l'Observance. Ce ne fut pas en vain qu'il se donna tant de peine: il eut le bonheur de voir rentrer dans le sein de l'église plusieurs de ses enfants égarés, parmi lesquels on compta deux ministres et plusieurs personnages de distinction; le service divin fut rétabli dans un grand nombre de paroisses; plusieurs églises se relevèrent de leurs ruines. Les cimetières furent rendus aux catholiques et presque tous les biens ecclésiastiques retournèrent à leur destination primitive ».

Dans la réalisation de ces apostoliques desseins, le zélé prélat voulut chercher un appui auprès de la

---

(1) *Origine et histoire abrégée de l'église de Mende.*

Souveraine de la vallée du Tarn. Les pèlerinages auprès de la puissante Madone, toute disposée à étendre sa maternelle et miséricordieuse protection vers cette malheureuse contrée, placée aux portes de son domaine, pouvaient aider sa pieuse entreprise. Il fit dresser un règlement pour en assurer le service, selon le bon ordre et à la satisfaction des pèlerins. Ce règlement fut élaboré par Charles Belin, docteur en théologie, doyen du Chapitre de Quézac, et par Jean Creyssen, curé d'Ispagnac.

Règlement pour le service du pèlerinage (1)

« Il n'est rien de meilleur ni de plus agréable que de voir plusieurs frères joints ensemble, unis par le lien d'amour et de charité, conspirant d'un même cœur ce qui est du service de Dieu et édification du prochain. De l'avis des doyens et chanoines et par délibération prise entre eux capitulairement, le 5 mars 1634, ont été commis Charles Belin, docteur en théologie, doyen de Quézac, et Jean Creyssen, curé d'Ispagnac, à l'effet de dresser les règlements nécessaires, suivant le commandement de Monseigneur. Ce qu'ils ont fait, établissant ce qui suit:

I. Tout ce qui sera porté, donné, offert à la dite église par vœu, oblation, pour messe ou autre dévotion, sera mis en commun entre les chanoines et les prêtres (2) sans qu'il soit permis à quelqu'un d'en retenir quelque chose.

II. Et pour cela sera dressée une table, près de la porte de l'église, qui sera couverte d'un tapis et

____

(1) Arch. départ. de la Loz., G. 2.226.
(2) Les prêtres auxiliaires résidant à Quézac.

gardée, par tour et par mois, alternativement, par l'un des chanoines qui sera tenu d'écrire le nom et surnom de celui ou celle qui fera l'offrande, à qui elle sera donnée et à quelle fin.

III. Que si quelque personne de ceux ou celles qui viendront en la dite église a reçu miraculeusement quelque bienfait par l'intercession de la Très Sainte Vierge, réclamé en la dite église, le dit chanoine destiné à la garde des dits livres sera tenu d'y écrire et insérer fidèlement et avec témoignage le dit miracle, le nom de celui ou celle qui l'a ressenti et sait pourquoi. N'étant pas raisonnable que les hommes taisent en particulier les merveilles de Dieu opérées par l'intercession de sa Mère, puisque toutes les créatures les publient hautement et que toutes les générations de la terre en général la disent Bienheureuse et toute miraculeuse.

IV. Quand quelqu'un des pèlerins demandera une messe à célébrer à son intention en la dite église, ou un confesseur pour l'entendre en confession, il sera de la charge du chanoine garde-livres, pour la dite messe, d'avertir ou faire avertir les chanoines et les mander à tour pour la célébrer ; à leur défaut et par trop grand nombre de messes, il avertira les prêtres habitués à Quézac pour satisfaire aux dévotions des pèlerins ; à prendre ce qu'ils voudront donner pour la dite messe et écrire le tout au livre comme dessus ; et, pour les confessions, le dit garde-livres avertira ou fera avertir par un clerc le doyen ou le sacristain afin que par leurs soins et diligences, les confessionnaux soient pourvus de confesseurs approuvés et ayant le pouvoir d'absoudre.

V. Et parce que Dieu a protesté qu'il ne voulait

point de trafic dans sa maison, pour que ceux qui fréquentent la dite église ne soient point troublés en leurs dévotions pendant les divins offices, par l'importunité de certaines femmes qui vendent publiquement, dans la dite église, des chandelles et du pain à offrir, les chanoines et les prêtres pour témoigner qu'ils n'approuvent pas tel trafic empêcheront que de telles femmes n'entrent dans l'église pour y débiter et vendre. Qu'elles soient tenues hors de l'église, éloignées du porche et du cimetière. Nous avertissons les pèlerins de venir dans la dite église pourvus de ce qu'ils auront dévotion d'offrir.

VI. Pour qu'ils aient plus à main, à commodité et sans trouble, des chandelles à offrir à l'autel, il sera permis au chanoine garde-livres de tenir sur la table, à l'entrée de l'église, des cierges ou chandelles, que les pèlerins pourront prendre et pour lesquels ils donneront ce qui sera de leur dévotion que le garde-livres écrira, sans qu'il puisse ni marchander ni exiger quelque prix que ce soit, se contentant de ce qu'on voudra donner volontairement et par dévotion.

VII. La vraie dévotion doit être, en toute circonstance, une action pure, simple, franche, nullement mêlée d'avarice. Les chanoines et prêtres témoigneront unanimement qu'aux dévotions de pèlerinage qui se font en la dite église ils n'ont point d'autre intérêt que celui de Dieu et du salut des âmes. Ils attendront dans la dite église l'arrivée des pèlerinages, sans aller au devant, ni au pont, ni aux cabaretiers, ni aux avenues publiques pour suborner les pèlerins, leur persuader de donner ou changer ce qu'ils portent pour leur vœu et offrande plutôt à une chose qu'à une autre, à l'un qu'à l'autre des chanoines et prêtres; mais remettront tout à la dite table pour être reçu et écrit par le garde-livres, mis en commun entre eux et employé selon l'intention des pèlerins.

VIII. Afin que les pèlerins, parfois pour venir de trop loin et arriver trop tard, ne soient privés d'entendre la Sainte Messe et faire leurs dévotions, les chanoines premièrement et subsécutivement, puis les dits prêtres, un chacun d'eux par semaine et à tour, différeront une messe basse jusqu'immédiatement après la Grand'Messe canoniale, étant plus que juste que Celle qui est le refuge des pécheurs et l'asile des misérables ait dans sa maison des serviteurs qui y ouvrent la porte à ceux ou à celles qui y viendront, pour les servir de toute l'étendue de leur charité.

IX. Les membres de la Collégiale ne sont pas seulement chanoines, mais aussi chapelains et aumôniers de cette Reine du ciel. Partant, tous les jours, et avant d'aller se coucher, les chanoines, ou du moins l'hebdomadier avec les élèves et les choristes iront dans la dite église et au pied du grand autel, pour chanter les litanies de la Sainte Vierge, avec l'oraison *Pietate* et les autres oraisons pour les nécessités publiques et particulières.

X. Aux jours de grande solennité de la Sainte Vierge, le garde-livres sera assisté d'un prêtre.

XI. Auxquels jours seront mis à la dite table trois bassins celui de Notre-Dame pour l'ornement et le luminaire de l'autel principal, celui des âmes du purgatoire pour faire les suffrages pour leur soulagement, et celui des pauvres pour secourir les honteux et *vergognants*, donner moyen aux passants de se conduire, mettre quelque linge ou harde à l'hôpital pour mieux commodément exercer les actes de charité et d'hospitalité envers ceux qui s'y retirent et y abordent.

XII. Distribution sera faite de l'argent donné en messes, vœux, offrandes.

XIII. Et pour ce qui regarde les linges, cire, cierges, chandelles, ornements et autres meubles et parements offerts et donnés pour l'autel, sacristie ou la sainte image de la Sainte Vierge, les chanoines et prêtres seront tenus de laisser le tout en état et nature sans le mettre en partage.

Ce règlement fut approuvé par Mgr de Marcillac, le 15 mars 1634.

En l'année 1643, le zélé Prélat présida lui-même les exercices d'une longue mission à Quézac. Elle se prolongea les mois de juillet, août et une partie de septembre. Pendant la mission, il y eut, tous les jours, prédication le matin et catéchisme le soir. Les quatre paroisses du Valdonnez y vinrent en procession, comme aussi tous les Curés des Cévennes pour tenir Synode, et s'entretenir des moyens propres à amener le retour des hérétiques de ce pays. Une croix y fut plantée, en la place de Quézac, d'une hauteur de 32 pieds. La clôture se fit par une procession du Saint Sacrement porté par l'Evêque (1).

____

(1) Arch. dép. de la Loz., G. 2.224. Ce fut pendant le séjour de Mgr de Marcillac à Quézac, que furent « bailés » (donnés) les prix faits de l'église « pour la mettre en son premier état », des balustres, de l'horloge et de la fontaine de la place de Quézac.

8

Par acte du 26 août 1652, Mgr de Marcillac modifia les statuts de la Collégiale et abolit la vie commune. Celle-ci, « abandonnée pendant cent ans ou davantage. » (1) avait été quelque temps reprise. Le pieux Evêque se fondant sur ce que « les choses saintement ordonnées sont sujettes à changement, qu'il y en a même qui deviennent, avec le temps, inutiles et incommodes », déclare qu'il n'y a présentement aucune nécesité de maintenir « la communauté de vie et commensalité des chanoines de Quézac » (2).

La cessation de la vie commune amena une séparation au moins partielle des biens du Chapître. Deux vignes qu'il possédait furent divisées en onze portions, deux pour le doyen, dont la part, on le sait, était double dans les distributions du revenu, et les neuf autres pour neuf chanoines. L'une des vignes était dite la « vigne du pré », l'autre « la vigne de Pratpanoul » (3). On voit encore, très nettement faite, cette division en parcelles égales, au terroir appelé « las Vignassos », au-dessus du chemin qui va de Quézac à Montbrun.

Le règlement que l'on vient de lire sur les pèlerinages au vénéré sanctuaire, et la nécessité où furent les chanoines d'établir une galerie dans l'église montrent, qu'après les destructions opérées par les protestants, l'affluence des pèlerins avait recommencé et quelle était, comme autrefois, considérable ou même journalière. Elle mit en conflit les devoirs de la Collégiale avec la charité envers les

---

(1) Arch. départ. de la Loz., G. 2.226.
(2) Ibid.
(3) Arch. dép. de la Loz., G. 2.224.

pèlerins. Une délibération du Chapitre du 8 novembre 1657 (1), eut pour objet de les concilier.

Un certain nombre de chanoines laissaient les offices du chœur pour confesser les pèlerins. Il était par suite arrivé que, « plusieurs fois, surtout les dimanches et les fêtes, le service divin avait été sur le point de cesser, les chanoines ne se trouvant qu'un de chaque côté du chœur ».

Divers membres protestèrent contre cet abus, disant que « le service divin était la fin principale pour laquelle la Collégiale avait été fondée ». Cette réclamation était trop légitime pour n'être pas entendue. Le Chapitre décida qu'il ne serait permis à aucun chanoine, pour quelque prétexte que ce fut, d'entendre, pendant les offices, les confessions des pèlerins. Une exception fut faite toutefois en faveur du chanoine sacristain et du chanoine garde-autel (2). Le premier eut la permission, en raison de sa qualité de Curé de la paroisse, d'entendre, pendant les offices, la confession de ses paroissiens. Le second que « sa charge oblige d'être absent du chœur » put recevoir les confessions des pèlerins pendant les divins offices.

Il fut réglé qu'il serait assisté par deux prêtres approuvés, les dimanches, fêtes ordinaires et jours ouvriers. Les jours de fêtes principales de l'année et solennités de la Sainte Vierge, le chanoine garde-autel était chargé de « faire venir deux ou plusieurs religieux ou prêtres approuvés, dès les vigiles des

---

(1) Arch. dép. de la Loz., G. 2.224.

(2) Le chanoine garde-autel remplissait les fonctions du prêtre-sacristain actuel.

dites fêtes, pour confesser les pèlerins, et de faire dire une première messe avant Matines, une dernière à la fin de la Grand-Messe, pour la commodité des pèlerins. »

Quelque temps après que le Chapître eût tenu cette sage délibération, le 15 novembre 1660, Mgr de Marcillac rendit une ordonnance inspirée du même désir de concilier les obligations de la Collégiale avec le service des âmes. Elle établissait à Quézac un vicaire « pour aider le chanoine sacristain à l'administration des sacrements et autres fonctions curiales » (1).

(1) Arch. dép. de la Loz., G. 2.224.

CHAPITRE XII

Vœu du Chapitre et des habitants
de Quézac
(1721)

Miracles qui s'opèrent au sanctuaire de Quézac. — La
peste de 1720, ses nombreuses victimes en Gévaudan. —
Le fléau atteint Molines aux portes de Quézac. — Vœu
du Chapitre et des habitants de Quézac : procession
annuelle, ordre et chants de la procession. — Préser-
vation de Quézac et des villages mentionnés dans le
vœu. — Nombreux ex-voto de l'église de Quézac. —
Fondations de messes et d'une procession tous les soirs
de l'Octave de la Fête-Dieu.

Dans le chapitre qu'on vient de lire, nous avons
retrouvé les marques de la dévotion persévérante
du peuple chrétien à Notre-Dame de Quézac. L'institution d'un chanoine garde-livres, journellement
préposé à recevoir les offrandes et messes des pèlerins, le conflit qu'avait fait naître, dans le Chapitre, l'audition des confessions, disent assez qu'au
dix-septième siècle, comme dans ceux qui avaient
précédé, nombreux était le concours des fidèles au
vénéré sanctuaire.

« Les grâces et les faveurs signalées, dit avec
juste raison l'abbé Buisson, peuvent seules expliquer en la motivant cette confiance sans bornes qui
a conduit à Notre-Dame de Quézac les générations
qu'on a vu s'y succéder pendant des siècles. » L'affluence si considérable des pèlerins avait son expli-
cation dans les prodiges que n'avait point cessé
d'opérer la puissante Madone. Le chanoine garde-

livres avait en effet, de par l'autorité diocésaine, parmi ses attributions, celle de consigner les « bienfaits reçus miraculeusement par l'intercession de la Très-Sainte Vierge, réclamés dans la dite église. »

Au commencement du siècle suivant, le dix-huitième, les grâces miraculeuses continuent. Le père L'Ouvreleul (1), Doctrinaire, professeur de morale

____

(1) Ce nom est diversement orthographié. Nous en donnons l'orthographe telle que nous l'a montrée M. l'abbé Pourchet, dans une signature du Père L'Ouvreleul lui-même. M. l'abbé Pourchet n'a pas composé moins de vingt ouvrages, dont la plupart traitent des sujets d'histoire religieuse locale. Citons: Le *Clergé de la Lozère* durant la Révolution de 1789. 3 vol. de 638 à 736 p., 2 fr. le volume.

Manuscrit de saint Privat, précédé et suivi de ce qui a été écrit en latin sur les *Saints du diocèse de Mende*. 1 vol. 736 p., 6 fr.

Acta Sanctæ Enimiæ filiæ Clotarii II, composés avant la fin du VIIIe siècle, reproduits. 1 vol. 192 p., 2 fr.

Saint Sévérien, premier évêque de Mende. 1 vol. 160 p., 0 fr. 60.

Merle et 1.600 prêtres massacrés. 1 vol. 350 p., 1 fr. 50.

Vie de sainte Thècle, première martyre. 1 vol. 352 p., 0 fr. 75.

Mémoires historiques sur le pays de Gévaudan et la ville de Mende, reproduits du P. L'Ouvreleul. 1 vol. 400 p., 2 fr.

Essai historique sur la ville de Langogne et le Couronnement de N.-D. de Tout-Pouvoir. 1 vol. 208 p., 0 fr. 75.

Ermitage ou *Collège de Saint-Privat la Roche*, sur le mont Mimat, 16 p., 0 fr. 20.

Tous ces ouvrages sont en vente chez Monsieur l'abbé POURCHET, ancien curé de Saint-Martin-de-Boubaux, retiré à MENDE (Lozère).

La *Bibliographie catholique* en a fait connaître l'auteur dans les lignes suivantes. Ces livres sortent « d'une presse faite de bois presque en entier. » L'auteur est « un prêtre

au Grand-Séminaire de Mende, écrit dans ses *Mé-moires historiques. sur le pays de Gévaudan* (1) :
« De tout le Gévaudan, on va en pèlerinage à Quézac, pour y invoquer la Mère de Dieu, à cause de quantité de miracles que le Seigneur tout-puissant y a opérés et qu'il continue de faire pour l'honorer comme cela est de notoriété publique. »

Aussi, lorsque vers la fin de 1720, la peste fit de nouveau son apparition dans le Gévaudan, le Chapitre et les habitants de Quézac menacés, tournèrent-ils spontanément et avec confiance leurs regards vers leur illustre Madone. La peste aurait été apportée, en Gévaudan, de Marseille, par des laines de Smyrne. Elle se déclara d'abord au village de Correzac, commune d'Auxillac. Du 24 novembre 1720 au 22 juin 1721, elle fit mourir 57 personnes sur 109 qu'on y comptait. Le commandant de la province du Languedoc envoya immédiatement deux compagnies pour intercepter les communications avec les sièges d'infection. Ces lignes sanitaires circonscrivirent le fléau dans quelques localités ; mais, là où il sévit, il causa une effroyable mortalité. De Corrézac il atteignit la Canourgue et

---

placé dans une paroisse de vingt catholiques, au milieu d'une population protestante, et dont le presbytère, perdu dans les châtaigners, est isolé de toute habitation. Les moments de loisir sont nombreux ; mais la plume est un outil qui a ses charmes et fait passer rapidement les veilles. Le prêtre se fait auteur. Des heures libres restent encore. Il s'arme de patience et de courage, il fabrique une presse avec les éléments qui sont sous sa main : l'auteur devient imprimeur. C'est là un tour de force digne d'être signalé. »

(1) Page 63.

quelques villages de cette paroisse, la Bastide, la Roque, Abrits, Cadoule, Imbecque ; il y fit mourir 945 personnes sur 1633 qu'il y avait. Banassac et les villages circonvoisins, Montferrand, Capelade, le Mazet eurent 212 morts sur 480 habitants. Marvejols perdit, dans l'espace de huit mois, du 10 août 1721 au 13 avril 1722, dix-huit cents personnes sur 2756 que comptait la ville. Mende fut atteint à son tour ; le fléau y emporta, du 6 septembre 1721 au 2 septembre 1722, mille soixante-dix-huit personnes sur 5.000 habitants.

« Comme Quézac, dit le Père L'Ouvreleul, auquel nous empruntons ces chiffres (1), est un lieu très fréquenté, il ne faut pas être surpris si la peste fut portée à Molines, qui n'en est séparé que par le Tarn, et de là dans sa paroisse (2) ; mais elle ne se prit, pendant 6 à 7 mois, qu'à 66 de ses paroissiens, dans les villages du Chambonnet, du Masandré et du Buisson. La paroissse d'Ispagnac perdit à Molines et à Voltulorgues 194 personnes sur 317 qu'il y en avait. »

Effrayés du danger qui les menaçait, le Chapitre et les habitants de Quézac eurent recours à leur puissante Bienfaitrice. Ils firent le vœu, si elle lès préservait, d'accomplir, tous les ans, en son honneur, une procession solennelle, dans l'octave de sa bienheureuse Nativité. L'acte (3) en fut dressé et

---

(1) *Mémoires historiques sur le pays de Gévaudan.*

(2) Molines, quoiqu'à proximité de Quézac, est de la paroisse d'Ispagnac dont il est, du reste, encore plus rapproché.

(3) Cet acte a été reproduit par l'abbé Buisson, dans sa *Notice sur Notre-Dame de Quézac.* Il se trouve aux Archives départementales de la Lozère, G. 2.224.

signé par les chanoines et les principaux habitants de la paroisse.

Vœu du Chapitre et des habitants de Quézac

« Ce jourd'hui, dimanche 14 septembre 1721, assemblés à l'entrée de vêpres, devant la porte de l'église du présent lieu de Quézac, MM. Pierre de Malbosc, doyen, Bruno Malzac, sacristain, Léger André, Antoine Hercule d'Arnaud sieur des Mazes, Joseph Creissent, Jean Jacques, François Gillion, Pierre Boissonnade, Jean André et Jean-Louis Deleuze, composant la plus grande partie du corps du vénérable Chapître (1) de l'église collégiale Notre-Dame de Quézac ; Jean Turc, prêtre, originaire du dit Quézac, faisant pour tous les autres qui composent le clergé des prêtres de la dite église ; Messire Charles de Malbosc, seigneur de Miral, les Bon-

______

(1) Ces mots venant après l'énumération qui précède, de dix membres du corps du Chapitre, joints à l'interprétation d'une pièce que nous avons mentionnée dans une note des premières pages de ce livre, nous avaient fait penser que la Collégiale de Notre-Dame de Quézac comptait douze chanoines. La division en onze parcelles, dont deux pour le doyen, des vignes du Chapitre, la liste complète des chanoines de Quézac au moment de la Révolution de 1789, que nous a communiquée M. l'abbé Bonnefous, curé de Quézac, la lecture d'une série de pièces du XVIIᵉ et XVIIIᵉ siècles contenant l'énumération des membres de la Collégiale présents et absents (cette mention est notée) et l'achat de dix aumusses fait, en 1639, dans la ville de Lyon, nous ont amené à croire plutôt que le Chapitre ne comptait que dix chanoines. Huit étaient qualifiés de chanoines presbytéraux, un de chanoine diaconal, un autre de chanoine subdiaconal. Le corps du Chapitre représenterait, dans l'acte du vœu, les chanoines et les serviteurs de l'église.

dons, Fayet, Pont-de-Montvert, St-Hillaire-de-Lavit et autres lieux, demeurant à Quézac, Mire Jacques Bugarel, consul, Jean Pagès, notaire et greffier en titre de la communauté, Joseph Jacques, Joseph d'Alègre, Pierre d'Alègre, Pierre Turc, Tristan Deleuze, Jean Mathieu, Anne Bonhomme, Jean Menesclou, procureur d'office, Pierre Sevanier, Jean Julien, Pierre Breton, Pierre Grignard, Pierre Deleuze, Marc Bonhomme, chirurgien, Jean Vivens chirurgien, Michel Bousquet, François Bousquet et plusieurs autres habitants du dit lieu de Quézac, faisant tant pour eux que pour les consuls et habitants des lieux et quartiers de Blajoux, Montbrun (1) et Fayet et qui composent le corps de la paroisse de Quézac.

« Considérant attentivement que ce n'est qu'avec une extrême douleur que Dieu se voit forcé par sa justice de perdre l'homme pécheur. Quoiqu'il ait prononcé l'arrêt de mort contre lui, dès le moment qu'il a violé sa loi, transgressé ses commandements, il n'oublie rien pour le faire rentrer dans son amitié : grâces, inspirations, pieux mouvements, menaces, châtiments, il met tout en usage pour le convaincre qu'étant l'ouvrage de ses mains, il ne veut point sa mort mais sa conversion. Témoin ces hommes charnels qui vivaient dans la naissance du monde ; que d'avertissements pour les faire rentrer

---

(1) Blajoux et Montbrun faisaient partie de la paroisse de Quézac ; mais pour faciliter l'assistance aux offices, une chapelle avait été établie à Montbrun (Arch. dép. de la Loz, G. 2.239) et une autre à Blajoux (Arch. de l'Evêché). Blajoux et Montbrun forment, depuis le 9 février 1825, deux paroisses distinctes de Quézac.

en eux-mêmes avant de les perdre par un déluge univérsel! Témoin Pharaon avec son peuple; que de plaies avant de les engloutir dans les flots de la mer Rouge! Témoin ce peuple si chéri de Dieu ; que de menaces avant de le frapper de ses anathèmes et de ses malédictions!

« Dieu ne nous a pas traités avec moins de charité, cependant nous n'avons pas été moins insensibles à sa voix et à ses menaces : nous avons poussé des murmures vers le ciel lorsqu'il nous frappait; nous avons méprisé sa grâce lorsqu'elle nous sollicitait à faire pénitence ; nous avons profané le sang de la nouvelle alliance en nous livrant aux dérèglements de nos passions, et en foulant aux pieds la sainteté de sa loi, lorsqu'il voulait se réconcilier avec nous. Aussi bien voyons-nous le Tout-Puissant prêt à répandre sur nos têtes les traits les plus vifs de sa juste vengeance, dont nous avions déjà ressenti des effets par de cruelles guerres (1), par la famine, par des inondations, par des sécheresses, par une révolution entière de ce royaume, sans que cela ait produit aucun changement en nous, ni aucun retour à lui. Aussi bien le ciel outré de notre insensibilité à tous ces maux, et de notre endurcissement dans le péché, commence à lancer ses foudres pour nous exterminer.

« Si nous avions regardé ces afflictions et ces fléaux comme autant d'avant-coureurs de celui dont nous sommes menacés, et comme autant de voix

____

(1) On sait à quelles extrémités fut réduit le royaume à la fin du règne de Louis XIV, sous l'effort des puissances coalisées.

qui nous avertissaient d'une prompte et sincère conversion à Dieu, nous aurions fait pénitence sous la cendre et le cilice comme les Ninivites à la voix de Jonas. Nous aurions reconnu que c'était le sang du juste Abel qui criait vengeance et qui demandait la mort du fratricide Caïn. Nous aurions baisé la main paternelle qui nous frappait, bien loin de lever la notre contre le Tout-Puissant. Nous aurions regardé ces jours comme un temps propre à travailler à notre salut pour opérer notre conversion et comme la marque la plus sensible de l'amour de Dieu envers le pécheur, puisqu'il ne châtie que ceux qu'il aime. C'est dans ces sentiments que Judith disait autrefois au peuple de Béthulie que les fléaux qui nous viennent de la part de Dieu ne sont pas des châtiments d'un juge qui veut nous perdre, mais d'un père qui veut nous faire rentrer en nous-mêmes et revenir à lui.

« Bien loin d'avoir regardé ces derniers fléaux comme des moyens très efficaces pour nous unir à lui, pour apaiser sa juste colère, puisqu'il ne nous frappait que pour guérir nos plaies, nous avons secoué le joug du Seigneur. Bien loin de chercher un fidèle serviteur de Dieu qui lui offrit nos sacrifices, nos vœux et nos prières, qui traitât notre paix avec Dieu, nous nous sommes éloignés du sanctuaire, nous avons fait gloire de placer l'idole de Dagon dans le temple du Très-Haut. Bien loin de réclamer, dans ces jours de disgrâce, les miséricordes du ciel, nous les avons épuisées par une accumulation honteuse, et par une obstination outrée dans le vice. C'est pour cela que la main vengeresse de Dieu veut aujourd'hui détruire l'iniquité en faisant périr l'homme par une contagion aussi funeste qu'elle paraît sans remède.

« Nous avons offert, à la vérité, des sacrifices à Dieu, nous avons levé nos mains vers le ciel, nous avons gémi entre l'autel et le vestibule pour détourner ce fléau dont nos frères voisins ont été frappés, et qui menace nos têtes; mais le ciel insensible jusqu'ici à nos prières n'a pas été moins implacable (1).

« Dans cette triste et affligeante situation, nous avons cru que nous ne pouvions nous rendre le ciel propice, qu'en intéressant la Mère de grâce et de miséricorde, l'asile des pécheurs, le refuge des affligés, la médiatrice de l'homme avec Dieu, pour arrêter le cours de ses vengeances, pour lui demander notre conversion et notre conservation et être touchée de notre affliction comme elle le fut autrefois de celle de son peuple.

« Convaincus donc, Vierge Sainte, de votre crédit dans le ciel puisque vous êtes la Fille du Père, la Mère du Fils, le Temple et l'Epouse du Saint-Esprit et patronne de cette paroisse, nous osons vous dire, qu'étant sous votre protection, nous espérons avec une humble confiance, d'obtenir par votre intercession la grâce d'être préservés du mal contagieux qui a affligé depuis longtemps la Provence et qui afflige à présent plusieurs endroits de notre diocèse. Nous reconnaissons inutiles tous les moyens que la prudence humaine peut nous inspirer, si vous ne nous protégez. Nous espérons donc

---

(1) Nous avons dit plus haut que le fléau avait pénétré dans quelques villages de la paroisse.

que vous continuerez votre singulière protection
envers ce Chapitre, ce Clergé, ce lieu, cette paroisse qui en a si souvent ressenti les effets et dont
nous avons été les témoins et les sujets. En un
mot, Vierge Sainte, nous réclamerons toujours
votre bonté, dans quelque situation que nous nous
trouvions, dans nos doutes, nos afflictions, nos
malheurs, nous aurons recours à vous, persuadés
que l'on ne peut obtenir du ciel, ni grâce, ni salut,
que par votre intercession.

« Pour laisser donc à nos successeurs un monument éternel de notre humble confiance en la protection de la Sainte Vierge, nous avons tous unanimement fait vœu de faire, tous les ans, à perpétuité,
une procession solennelle à l'honneur de la Sainte
Vierge, et avons choisi, pour le lui rendre, le jour
du dimanche qui est immédiatement après la
Nativité de la Vierge, jour auquel l'Eglise fait
l'office du saint Nom de Marie; nous avons aussi
promis de porter l'image de la Vierge, les neuf
premières années, qui commenceront l'année pro.
chaine, mil sept cent vingt-deux, pourvu que le
temps permette de s'assembler sans danger et que
le concours soit permis.

« L'ordre qu'on gardera à cette procession sera
de commencer, à une heure après-midi (1), par
chanter l'antienne: *Sub tuum præsidium;* ensuite
les litanies de la Vierge qu'on doublera, lesquelles
étant finies, on chantera des hymnes. En sortant
de l'église, on ira du côté du pont pour ensuite

____

(1) Une décision de Mgr Bouquet, évêque de Mende,
intervenue en 1902, a fixé le commencement de la cérémonie
à 2 heures après-midi.

passer par le chemin qui passe sur le plan de la rivière, où l'on fera un reposoir par manière de station, pendant laquelle on chantera l'antienne : *Sancta Maria succurre miseris*, avec l'oraison de l'office du jour. On continuera la marche en passant au-dessous du pré du curé, pour entrer dans le village du côté appelé la *Croix de Saint-Mary*. Etant de retour à l'église on chantera l'antienne *Salve Regina* avec l'oraison qui commence. par *pietate* qui est dans le processionnal.

« Que si la procession ne peut pas sortir le jour marqué, par un temps de pluie, il sera permis de la différer pour la faire, avec la même solennité le dimanche qui suit immédiatement après. Et afin qu'il paraisse à l'avenir de notre bonne intention, et pour que notre vœu soit exécuté par nos successeurs à perpétuité, il a été fait deux originaux de ce présent acte, dont un reste dans les archives de notre Chapître, et l'autre devers le greffe de la communauté et nous nous sommes signés. »

(Suivent 26 signatures).

La Sainte Vierge exauça le vœu de son Chapître et de ses fils de prédilection de Quézac. Elle les préserva de la peste, comme 150 ans auparavant, elle les avait sauvés de la contagion de l'hérésie. Quézac et les villages mentionnés dans cet acte, Montbrun, Fayet, Blajoux, ne furent pas atteints par le fléau. Le Père L'Ouvreleul, historien contemporain de ces évènements a écrit en effet : « mais elle (la peste) ne se prit pendant six à sept mois qu'à 66 de ses paroissiens, dans les villages

du Chambonnet, de Masandré et du Buisson » (1).
Telle est aussi la tradition du pays.

Cette grâce signalée ne pouvait que fortifier encore l'antique renommée de Notre-Dame de Quézac. Nous avons déjà vu la ville de Mende refaire annuellement son pèlerinage de 1630, jusque vers 1770. Durant tout ce dix-huitième siècle, les pèlerins ne discontinueront pas d'accourir au vénéré sanctuaire. La puissante Madone n'arrêtera pas non plus les effets de sa miséricordieuse Bonté. Les murs de l'église et de la sacristie se tapisseront de nombreux ex-voto. L'abbé Buisson en consignera (2) le souvenir recueilli dans la première moitié du siècle suivant « de tous les vieillards de la paroisse qui les ont vus » conservés par la piété de leurs pères « comme un précieux monument des faveurs extraordinaires reçues de la Bonté de Marie. » (3).

La piété des fidèles, envers Notre-Dame de Quézac, se manifestait soit par de nombreuses messes manuelles (4), soit par des fondations de messes. En 1650, Marie de la Rochefoucauld, dame d'Arlens

---

(1) *Mémoires historiques sur le pays de Gévaudan.*

(2) *Notre-Dame de Quézac.*

(3) « C'est l'impiété révolutionnaire qui, sur la place de Quézac, en présence de Louis Brager, Louis Deleuze, Boulet, Léon Bugarel, François Larguier et d'un grand nombre d'autres, a livré aux flammes ces précieux trophées de la puissance et de la bonté de la Reine des Cieux, en faveur de ses enfants, et malgré la généreuse résistance qu'on osa tenter sans succès. » *Notre-Dame de Quézac,* note de l'abbé Buisson).

(4) Les messes manuelles sont des messes dont l'honoraire est donné de la main à la main, pour être acquittées immédiatement. Les messes de fondation, devant être acquittées par les successeurs des contractants, étaient stipulées par un acte écrit.

et douairière de Gabriac et autres places, donne, au Chapitre de Quézac, 780 livres, à la charge de dire annuellement trois messes basses, le mardi, jeudi et samedi de chaque semaine ; celle du mardi de la Sainte Trinité, celle du jeudi du Saint-Sacrement, celle du samedi de la Sainte Vierge (1). Ces messes seront célébrées « en l'honneur de la sainte Image de Notre-Dame, à l'intention et mémoire de la dite dame de la Rochefoucauld et successeurs. »

L'an1708, le Chapitre capitulairement assemblé, accepte la fondation de deux messes basses par semaine, pour la somme de 730 livres, faite « par zèle et honneur de la gloire de Dieu et dévotion à la Sainte Vierge » par Jean-Antoine Buisson, seigneur de Ressouches, ancien conseiller à la Cour des Comptes, aides et finances de Montpellier, habitant la ville de Mende (2).

Une fondation, en l'honneur du Saint-Sacrement est faite, en 1669, par le chanoine Saint-Pierre du Chapitre de Quézac. « Tous les soirs de l'octave de la Fête-Dieu, le Saint-Sacrement sera porté en procession. Celui-ci sortira de l'église et fera le tour du cimetière. Y assisteront le doyen, les chanoines, les clercs et serviteurs de l'église de Quézac. Les moines et curé d'Ispagnac seront priés de vouloir bien par tour, un chaque soir, y assister (3).

---

(1) Arch. dép. de la Lozère, G. 2.224.

(2) Archives dép. Série G. 2.224. En général, les familles font acquitter, de nos jours, des messes « en l'honneur de la Sainte-Vierge pour les morts. »

(3) Arch. dép. de la Loz., G. 2.224. Le fondateur donne 460 livres pour le luminaire, les ornements sacrés, etc.

CHAPITRE XIII

L'hôpital, la fontaine, le pont de Quézac

Après les guerres de Religion l'hôpital est rétabli. — Construction de la fontaine de la place de Quézac (1643). — Diverses restaurations au pont de Quézac. — Une chapelle de S. Joseph est édifiée au milieu du pont (1739).

Outre la spéciale protection qu'elle accordait aux habitants de Quézac et dont elle leur avait donné des marques visibles dans l'invasion des fléaux de l'hérésie et de la peste, l'illustre Madone fit rejaillir sur eux les bienfaits, même matériels, de la civilisation chrétienne. C'est grâce à la présence de son sanctuaire que la petite localité fut dotée d'un hôpital, d'une fontaine publique et du pont qui la relie aux artères de communication de la vallée du Tarn.

L'amour de Dieu et des hommes, la piété et la charité sont deux vertus qui ne se séparent pas et habitent dans les mêmes cœurs et dans les mêmes lieux. Les monastères contemplatifs furent toujours la providence des pauvres d'alentour. Les clochers des églises importantes comme des sanctuaires privilégiés couvrirent toujours quelque hôpital de leur ombre. Il n'en fut pas autrement à Quézac.

Un hôpital y avait été fondé qui pouvait recevoir neuf malades (1), au moment où les protestants n'épargnant pas plus les asiles de l'infirmité et de

____

(1) Arch. dép. de la Loz. G. 2.240. *Documents historiques et inédits sur les guerres de Religion en Gévaudan*, tome II.

la sonffrance que ceux de la piété, le détruisirent
par les flammes. Après les guerres de Religion,
eette maison hospitalière fut rétablie. Nous avons
vu le règlement des pèlerinages, dressé en 1634,
faire parmi les offrandes recueillies par le chanoine
garde-livres, une place aux aumônes en faveur
des « hospitalisés ». L'hôpital de Quézac avait, à
cette époque, huit lits garnis et l'entretien en était
à la charge du Chapître (1).

Nous prenons ici, sur le fait, l'une des destina-
tions des biens du clergé. Ils n'avaient pas seulement pour objet l'entretien des ministres préposés
au culte divin. Ils étaient en outre employés à
soutenir les hôpitaux et les écoles, défrayant, à la
place de l'Etat et à la décharge des contribuables,
en grande partie ces services publics.

C'est vers le milieu du dix-septième siècle que
fut établie la fontaine publique de la place que con-
fronte du chef le cimetière. Elle fut l'œuvre d'un
maçon de Mende, Jean Mialane. Le prix fait (2) en
fut donné le 24 août 1643, pendant le séjour de
plusieurs mois que Mgr de Marcillac fit à Quézac.
Ce ne fut probablement pas simple coïncidence et
le zélé prélat ne fut sans doute pas étranger à une
entreprise aussi utile pour les habitants.

Le dit maçon sera tenu « premièrement d'accom-
moder la source dite las Crottes, de façon que l'eau
y soit bien conservée, et remettre la porte de pierre

---

(1) Arch. dép. de la Loz. G. 2.224. L'une des rues du village
de Quézac porte, dans le cadastre, le nom de rue de
l'Hôpital.

(2) Arch. dép. de la Loz. G. 2.224.

de taille en l'état ancien ; après, faire un canal de pierre depuis la dite source jusque dans le pré de Pautard, lequel sera couvert de pierres grandes et plates et accommodé afin que l'eau puisse avoir cours depuis la source jusques au dit pré. Il sera tenu de faire deux regards aux endroits qu'ils étaient anciennement ou autres mieux propres ; et, depuis l'endroit où finira le canal de pierres. le dit Mialane sera tenu de poser des tuyaux pour conduire l'eau jusqu'à la place du dit Quézac, lesquels seront bien et dûment couverts, et jusque dans la basse-cour du collège ; la dite eau (sera) conduite jusqu'au dit lieu et place de Quézac. Il sera tenu de faire un grand bassin rond de pierre de taille, de diamètre dix pans (2 m. 50), le tout au ciment, et de hauteur 4 pans (1 m.), au milieu duquel bassin (il) y aura un pilier de pierre de taille, avec un tuyau de plomb au-dedans pour (faire) passer l'eau ; au-dessus du dit pilier qui aura une canne (2 m.) de hauteur, il y aura aussi un petit bassin de deux pans et demi de diamètre avec quatre petits tuyaux par lesquels descendra l'eau ; de plus, il fera quatre grands barreaux de fer qui prendront du bord du grand bassin et iront joindre le pilier, lesquels seront fendus pour soutenir les sceaux et de la grosseur du pouce (1).

____

(1) Arch. dép. de la Loz. G. 2.224. Une prise devait amener l'eau du bassin dans la basse-cour du Collège où l'on devait faire une grande « *pise* » (bassin) de pierre de taille d'une canne de longueur et trois pans de largeur avec un gros robinet et un trou au bas de la dite *pise* pour la nettoyer. Prix : 300 livres.

Nous avons dit que, dans le quinzième siècle, un pont avait été construit non loin de Quézac pour faciliter aux nombreux fidèles l'accès de ce lieu de pèlerinage. Edifié avec des offrandes venues d'aussi loin que s'étendait la réputation de la célèbre Madone, ce pont fut vraisemblablement, pendant plusieurs siècles, le seul jeté sur le Tarn dans toute cette contrée. Ainsi que l'a justement dit Ferdinand André, ancien archiviste du département, dans sa monographie du Pont de Quézac (1), et que nous l'avons lu, plus haut, dans la Bulle de Benoît XIII, « une pensée pieuse seule » a présidé à la construction de ce pont « car il ne peut conduire qu'au village de Quézac, adossé aux flancs inaccessibles du Causse Méjean ». Avant les œuvres d'art dues à l'introduction des voies ferrées en Lozère, il était, par ses vastes proportions, l'un des remarquables monuments de grande voirie du département. Des éperons en gros appareil protègent les piles contre les chocs des inondations fréquentes dans la vallée. Ses arches, au nombre de six, soutiennent deux rampes assez fortement inclinées qui vont, se raccordant vers le milieu, à la manière des anciens ponts.

Terminé en 1450, si l'on peut en juger par le silence des documents, il tint debout pendant les deux premiers siècles. En 1626, s'écroule la seconde

---

(1) Les renseignements qui vont suivre sont empruntés à une Communication sur le Pont de Quézac de Ferdinand André, archiviste, au Bulletin Archéologique (1893), ou puisés directement aux Arch. dép. de la Loz. G. 2.224. 2.240 où se trouvent dans les Délibérations des Etats du Gévaudan.

arche du côté de Molines. Mgr de Marcillac la fit remettre en 1633 (1).

L'an 1657, le 17 décembre, « la grande arcade du pont tomba et demeura comme cela environ deux ans ». En 1660, un prix fait est donné pour y faire un pont provisoire de bois (2).

En 1689, les consuls et les habitants de Quézac se plaignent aux Etats du Gévaudan, « qu'une arcade de leur pont est tombée depuis longtemps, que la réparation qu'on en a faite pour le passage n'étant que de bois est fort incommode aux voituriers et pour le commerce qui est assez grand en ce quartier, joint qu'il est dangereux que sans réparation le reste du pont ne tombe. » Les Etats décident que le sieur Paratté, architecte, passera au dit Quézac.

Il ne paraît pas cependant qu'on ait immédiatement exécuté les travaux, car en 1691, les Etats « renvoient à l'assiette (3) pour prendre telle délibération qu'il leur conviendra au sujet des réparations à effectuer au pont de Quézac. » L'année suivante, 1692, Ispagnac refuse d'entrer dans cette dépense. En 1709 (4) le syndic du diocèse (5) déclare

---

(1) Etat des choses plus mémorables arrivées dans cette maison de Quézac depuis l'an 1626. Archives départ. de la Loz. G. 2.224.

(2) Arch. dép. de la Loz. G. 2.224.

(3) Les commissaires de l'assiette répartissaient les impôts votés par les Etats.

(4) Dans les premières années du 18e siècle les ressources des Etats du Gévaudan furent absorbées par la guerre des Camisards (1702-1706).

(5) Le syndic était chargé de l'exécution des délibérations des Etats et de la conduite des affaires dans les intervalles d'une session à l'autre.

qu'il est nécessaire de construire et réparer plusieurs ponts, même celui de Quézac.

Les Etats du Gévaudan acquiescent à cette invitation. En 1710, la reconstruction « de la pile du pont de Quézac » fut donnée à prix fait pour le prix de 3.300 livres, payables un tiers par le diocèse, les deux autres tiers par le Chapitre et la paroisse, par égales parts. Les entrepreneurs y travaillèrent deux ans « sans réussir par leur faute ».

En 1723, le syndic du diocèse dit qu'il y a quelques années, fut donné le prix-fait des réparations de Quézac et que les entrepreneurs n'ont pas fini.

Deux années après, en 1725, il est représenté à l'assemblée des Etats du pays « que pour conserver le pont de Quézac qui est l'un des plus considérables du diocèse, il était absolument nécessaire de rétablir l'arceau du pont qui s'est éboulé, et que les habitants de Quézac n'étaient pas en état de fournir aux deux tiers des frais, à cause de la grande dépense. » Les dits Etats délibérèrent que l'arceau serait rétabli, de faire faire le devis et déterminer la somme pour laquelle les habitants de Quézac y contribueraient.

En exécution de cette délibération, l'année suivante, 1726, la reconstruction de l'arche tombée fut confiée à deux entrepreneurs, les sieurs Pélissier, de Béziers. On leur alloua 8.000 livres. Les travaux allaient être terminés, lorsque le cintre ayant manqué, entraîna toute la bâtisse « avec les ouvriers qui furent ensevelis sous la ruine, *sans qu'il y en eût aucun dangereusement blessé.* »

En 1728, les mêmes entrepreneurs reprennent leurs travaux « mais n'ayant rien trouvé de leur bâtisse, que les ravines avaient entraînée » ils recommencent leur ouvrage, montent la pile, posent l'arche. « Pour n'avoir pas fondé sur le ferme, un mois après, le 5 octobre, la rivière qui se déborda entraîna le tout, sans laisser aucun vestige du travail. »

En 1731, le greffier expose aux Etats du diocèse « que l'arche faite par les sieurs Pélissier causa par sa chute, un dommage considérable à la pile du pont de Quézac qui soutient la grande et ancienne arche du pont : que les inondations survenues depuis cette chute, y ont fait de nouvelles dégradations qu'il y a tout lieu de craindre que la brèche augmentera et que le grand arceau sera emporté avec la pile, qu'il est de conséquence de prévenir la ruine d'un tel édifice ; qu'ainsi il conviendrait de présenter une requête à l'Intendant de la province et lui demander la permission de faire réparer cette pile ». (1)

Des experts furent nommés pour rechercher la cause de la chute du pont et s'assurer s'il n'y avait pas eu faute des entrepreneurs, ce qui fut en effet constaté. Un procès eut lieu devant l'Intendant du Languedoc. Les entrepreneurs furent condamnés solidairement, « malgré leur chicane, après huit années de procédures, à mettre en état le pont de Quézac, à leurs frais et dépens. »

En 1738, De Clapier, ingénieur de la province, se transporta sur les lieux. Il décida que pour dévier les eaux, l'on ferait « un double battardeau autour de la pile avec des planches armées de fer, soutenu

____

(1) Délibérations des Etats du Gévaudan.

par des pilotis armés de même. Lequel se trouvant insuffisant pour évacuer les eaux, afin qu'on pût *dégravoier* jusqu'au rocher et bâtir solidement, on ouvrit un canal fort profond qui prenait son commencement au-dessous de la dite pile et qui fut poussé jusque vis-à-vis le torrent de Molines. Par ce moyen, le rocher fut découvert et l'on bâtit sur le ferme. L'ouvrage fut fini la même année 1738. »

Outre les 8.000 livres accordées par le premier prix-fait, le diocèse, le Chapitre et la paroisse de Quézac donnèrent 1000 livres aux entrepreneurs, à titre de gratification.

L'année suivante, 1739, on posa quatre clefs en fer à la seconde arche, du côté de Molines.

Cette même année fut construite au milieu du pont, moitié en saillie et supportée par des corbeaux de pierre, une chapelle sous le vocable de saint Joseph. Après les contretemps par lesquels était passée sa laborieuse réfection, les chanoines et les habitants voulurent, selon un usage chrétien, lui donner un protecteur en édifiant cette chapelle. Les injures du temps ont démoli la toiture de cet édicule religieux dont il reste encore l'enceinte circulaire.

Les inondations ont, dans le dix-neuvième siècle, fait, à plusieurs reprises, notamment en septembre 1900, quelques dégradations au pont de Quézac, dégradations de peu d'importance, qui ont été facilement réparées.

CHAPITRE XIV

Fin de la Collégiale de Quézac (1789)
Guérisons obtenues
après la tourmente révolutionnaire (1825-1851)

Les biens du clergé sont déclarés biens nationaux, dispersion définitive de la Collégiale, derniers Chanoines. — L'église de Quézac est saccagée par les Révolutionnaires, la statue de la Madone est cachée par un habitant du village. — Les gens de Quézac restent très attachés à leurs prêtres. — Après la Révolution, des pèlerins reprennent le chemin du sanctuaire, guérisons obtenues.

La Collégiale fondée par le Bienheureux Urbain V avait peu à peu, aidée de Mgr de Marcillac et de la générosité des pieux fidèles, relevé les ruines faites par les protestants. Les vœux des habitants de Mende et de Quézac, l'affluence des fidèles, les miracles avaient prouvé que Notre-Dame n'avait pas cessé de faire de ce sanctuaire un lieu de prédilection et que la dévotion des pèlerins lui était restée vivement confiante.

La Révolution de 1789 opéra de nouvelles destructions, cette fois irréparables pour la Collégiale. Le 2 novembre 1789, l'Assemblée Constituante décida que les biens du Clergé devenaient biens nationaux. Cette disposition détruisit la dotation de la Collégiale et mit virtuellement fin à son existence. Les chanoines qui, à ce moment, composaient le Chapitre étaient: Vachin J.-B., doyen, originaire de Carnac, — Gauthier (Jean-André), sacristain et curé, natif de Saint-Christophe (canton de Saugues),

— Ferratis (Barthélemy) et Ferratis (Jean) son frère (1), de Marvejols, — Pagès J.-B., de Chanac, — Planchon (Antoine), de Recoules-de-Fumas, paroisse de St-Léger-de-Peyre, — Cruveiller (Privat) et Cruveiller (Louis) son frère, de Mende, — Brueil J.-B., du Bruel d'Esclanèdes, — Grégoire (Louis), d'Ispagnac.

La disparition de la Collégiale était un malheur pour le sanctuaire de Quézac. Avec elle s'en allaient ces nombreux et fidèles serviteurs de la célèbre Madone, formant depuis quatre cents ans et plus, autour de son Image vénérée, comme une garde d'honneur et de louanges, faisant bon accueil aux pèlerins, toujours sûrs d'y trouver, tous les jours, des confesseurs et presque à toute heure, des messes basses ou chantées. C'était aussi pour la contrée la perte de ces immenses bénédictions qu'attire sur un peuple un collège de prêtres adonnés à la vie contemplative, faisant monter vers Dieu, dans de nombreux Sacrifices quotidiens, des adorations, des actions de grâces, des satisfactions, des louanges d'un prix infini. En fondant, l'an 1365, cette Collégiale, le B. Urbain V avait été un éminent bienfaiteur de la vallée du Tarn sur les premières pentes de laquelle il avait vu le jour.

L'église n'eut pas à souffrir. Le vandalisme révolutionnaire épargna la construction pour s'en prendre seulement aux ex-voto, aux cloches, au maître-

---

(1) Après la Révolution, les abbés Ferratis revinrent habiter Quézac où ils moururent, l'un en 1809, l'autre en 1811, âgés de plus de 80 ans, laissant leurs biens pour bonnes œuvres.

autel (1), aux boiseries et balustres des chapelles (2).
Les nombreux ex-voto appendus aux murs de
l'église et de la sacristie furent brûlés sur la place
de Quézac (3). Les cloches, au nombre de quatre,
sans compter celle de l'horloge furent transportées
à Florac. De là, elles furent, au mois de mars 1794,
envoyées au parc d'artillerie de Toulouse avec 40
autres cloches enlevées aux églises du district de
Florac (4).

La statue miraculeuse fut soustraite à l'impiété
révolutionnaire par le pieux recel d'un habitant de
Quézac du nom de Méjean (5).

*Les Délibérations de l'Administration départe-
mentale* de la Lozère mentionnent qu'en 1799 la
foule délivra deux prêtres, les abbés Planchon et
Vivens (6), arrêtés par les gendarmes dans l'église

---

(1) Dans une boîte en plomb furent placées, en 1800,
par l'abbé Vivens, curé de Quézac, deux sachets de reliques
avec la note suivante : « Ce sont les mêmes reliques tirées
de l'intérieur de l'*autel démoli* dans la Révolution ; nous y
avons joint des reliques retirées à la même époque des
châsses de l'église des Bénédictins de Sainte-Enimie. »
L'autel démoli fut maladroitement réparé et redevint le
maître-autel, jusqu'en 1899, où il fut placé dans une chapelle qui fait face à la porte d'entrée de l'église. Les reliques furent mises dans le nouveau maître-autel..

(2) Les stalles que l'on voyait au chœur, avant sa restauration par l'abbé Valgalier, étaient dues à l'abbé Buisson
curé de Quézac (1844-1867), ainsi que les barrières en fonte
des chapelles.

(3) *Notre-Dame de Quézac.*

(4) *Annuaire de la Lozère* (1869).

(5) Les descendants de cette famille s'honorent à bon
droit de cet acte de fidélité envers Notre-Dame de Quézac.

(6) L'abbé Vivens, originaire de Quézac, en avait été
nommé curé en 1797. L'abbé Planchon, ancien chanoine de
la Collégiale, lui servait de vicaire, ce qu'il resta jusqu'à
sa mort arrivée en 1812.

où ils disaient la messe. A ce sujet, l'*Administration départementale* fait cet aveu : « Malgré toutes les mesures prises, les prêtres réfractaires n'ont point cessé d'officier, soit secrètement, soit publiquement, à Quézac, Ispagnac, les Bondons (1). Pendant la tourmente révolutionnaire les habitants de Quézac restèrent donc très attachés à leur Religion.

Leur dévotion pour leur célèbre Madone, obligée de se contenir au fond du cœur, n'en persévéra pas moins et lorsque la Statue vénérée, put, après le Concordat, reprendre sa place dans le sanctuaire rouvert au culte, ils s'empressèrent à nouveau de répandre, aux pieds de son trône, leurs vœux et leurs prières.

Mais onze années durant (2) les démonstrations publiques de piété avaient cessé; les pèlerinages et les processions avaient été interrompus. Du célèbre sanctuaire, comme autrefois du temple de Jérusalem, on avait pu dire, après le prophète : *Viæ Sion lugent.* Lorsque le culte eut été rétabli dans le sanctuaire, la Collégiale, à jamais dispersée, ne fut plus là pour lui rendre son antique splendeur. Cette longue interruption et cette dispersion eurent un fâcheux contre-coup sur les pèlerinages.

Toutefois, les anciens bienfaits de la célèbre Madone avaient laissé dans les familles un souvenir

---

(1) *Déliberations de l'administration départementale* (1790-1800).

(2) La Constitution civile du Clergé fut décrétée obligatoire le 4 janvier 1791 et le Concordat, conclu en 1801, fut publié en 1802.

trop profond pour qu'il se fut effacé. Notre-Dame de Quézac reçut des pèlerins isolés et elle les combla, comme par le passé, de ses maternelles faveurs. L'abbé Buisson a consigné, dans son ouvrage, quelques-unes des grâces insignes qu'il avait lui-même entendues « de la bouche de plusieurs témoins oculaires, ou même de ceux qui avaient été personnellement l'objet des miséricordieuses bontés de la très Sainte Vierge ». En les rapportant nous n'avons nullement, pas plus que l'abbé Buisson, le dessein de nous prononcer sur leur caractère miraculeux, appréciation réservée au jugement de l'Eglise. « En 1825, Angélique Redon, de Lanuéjols (Gard), devenue aveugle, fut portée en pèlerinage par sa mère, dans l'églige de Quézac. A la fin du Saint Sacrifice, offert pour elle, le 28 juin, elle se trouva subitement et parfaitement guérie de sa cécité, comme nous l'a attesté sa mère qui n'a jamais manqué, depuis trente ans, de venir chaque année, à l'anniversaire de la guérison de sa fille, en témoigner sa reconnaissance à Marie.

« En 1827, Calixte Argéliès, de Saint-Sauveur (Gard), atteint d'une maladie chronique qui avait résisté à tous les efforts de l'art, fut instantanément guéri par l'intercession de la Sainte Vierge, le jour même où sa pieuse mère fit offrir pour lui le Saint Sacrifice de la messe dans le sanctuaire de Quézac. C'est elle-même qui nous a raconté avec attendrissement les circonstances de cette guérison qu'elle n'hésite pas à regarder comme miraculeuse.

En 1828, Elisa Corbier, de Saint-Etienne-Vallée-Française (Lozère), devint presque aveugle, par suite d'une longue et douloureuse hydrophtalmie.

Les remèdes ne font qu'augmenter ses douleurs et rendre son état plus alarmant : ses yeux sont presque hors de leur orbite, et la médecine reconnaît elle-même son impuissance. La malade se fait porter à Quézac, et y commence une neuvaine de prières, pendant laquelle elle fait appliquer chaque jour, sur ses yeux malades et très souffrants, une compresse imbibée d'huile puisée dans la lampe qui brûle sans cesse devant l'image sacrée. Les cinq premiers jours se sont écoulés, et la douleur va toujours croissant : elle diminue sensiblement le sixième, et enfin, le neuvième jour, la malade était entièrement guérie, sans qu'il lui soit resté depuis la plus légère trace de cette cruelle maladie. Les sœurs Saint-Bernard et Saint-François, Ursulines d'Ispagnac, qui étaient alors dans leur maison de Quézac, nous ont attesté la guérison complète et durable, opérée pendant la neuvaine et dont elles avaient été témoins oculaires. Dernièrement. Elisa Corbier elle-même nous a garanti la vérité de ce fait extraordinaire.

« En 1833, Angélique Carrel de Lanuéjols (Gard) minée par une maladie interne, contre laquelle l'art avait été impuissant, et voyant approcher sa dernière heure, se sent tout à coup inspirée de mettre sa confiance en Marie, et d'aller se jeter à ses pieds dans son église de Quézac. Elle s'y engage par vœu, si sa bonne Mère daigne avoir pitié d'elle et lui rendre la santé : elle lui adresse, en même temps, une courte mais fervente prière. Sa prière finie elle sent qu'un changement subit s'est opéré en elle : plus de douleurs, plus d'oppressions, elle respire librement, les agitations convulsives qui semblaient

être les symptômes précurseurs d'une mort immi-
nente ont disparu tout-à-coup. Son teint s'anime,
ses joues se colorent, tout en elle annonce le retour
d'une santé parfaite. Frappés d'étonnement, ceux
qui l'entourent lui demandent la cause d'un changement si merveilleux, de cette espèce de résurrection : elle déclare, en pleurant de joie, que c'est
Notre-Dame de Quézac qui l'a guérie. C'est elle-
même qui nous a raconté le prodige, le 28 juin
1855, en mêlant à son récit des larmes de reconnaissance envers sa bienfaitrice.

« En 1843, Etienne Julien, de Saint-Sauveur (1)
(Gard), perclus de tous ses membres et souffrant
cruellement, fut porté à Quézac par sa picuse mère,
et présenté à la consolatrice des affligés. Le pauvre
enfant étendu sur un banc pendant la sainte Messe
et condamné à une désolante immobilité, poussait
des cris plaintifs et déchirants. Tout-à-coup, au
moment de la communion, et lorsque sa mère dé-
solée quitte sa place pour se diriger vers la Table
Eucharistique, son enfant se lève en silence, des-
cend de sa couche de douleur, suit les pas de sa
mère et va s'agenouiller respectueusement à côté
d'elle à la vue de l'assistance étonnée et ravie. La
guérison fut subite et si parfaite que l'enfant qui
reprit aussitôt avec sa mère le chemin de la maison
paternelle fut en état d'en faire à pied une grande
partie. Sans nous attribuer un droit que l'Eglise
s'est réservé, nous ne croyons pas qu'on puisse élever aucun doute sur l'authenticité de ce prodige:
c'est la mère elle-même qui nous l'a raconté dans

---

(1) Saint-Sauveur-des-Pourcils, canton de Trèves.

tous ses détails, le 26 juin 1852, et cette année (1857), c'est son fils, le jeune homme sur qui il s'est opéré, qui nous l'a rapporté aussi avec toutes ses circonstances, sans rien ajouter comme sans rien omettre du récit de la mère. En reconnaissance d'une si grande faveur, ils n'ont jamais laissé passer d'année sans venir l'un ou l'autre au sanctuaire vénéré de la Mère de Dieu.

Le 15 décembre 1856, le clergé d'Ispagnac communiquait à l'abbé Buisson, d'après le désir de Mgr Foulquier, évêque Mende, (1) la relation suivante d'une faveur obtenue, en 1851, de Notre-Dame de Quézac, par une famille d'Ispagnac.

« Barthélemy Deleuze nous a déclaré, en présence de MM. Rouvelet et Chaptal, vicaires de la paroisse d'Ispagnac, qu'il y a environ six ans, son enfant, âgé de deux ans, fut pris de convulsions qui ne lui laissaient qu'un léger souffle de vie. Après avoir employé, sans aucun succès, les remèdes indiqués, il promit de le porter à N.-Dame de Quézac et de faire dire une messe dans ce sanctuaire. Il accomplit fidèlement son vœu et l'enfant fut radicalement guéri. Toutefois, il n'oserait affirmer que la guérison ait été subite et instantanée, il n'en a pas conservé un souvenir exact et précis. Il serait porté à croire que les convulsions ne revinrent plus et que l'enfant se remit peu à peu de l'état de faiblesse

---

(1) Cette mention et les lettres échangées, à cette époque, entre Mgr Foulquier et l'abbé Buisson, prouvent que le pieux prélat prit une part active à la préparation de la Notice de Notre-Dame de Quézac et spécialement au récit des faveurs insignes accordées par elle dans son sanctuaire.

où il se trouvait. La mère nous a déclaré positivement que l'enfant n'avait plus été atteint de convulsions, depuis le jour qu'elle le porta à Quézac.

« Les deux époux sont intimement convaincus qu'ils doivent la guérison de leur enfant à la puissante intercession de N.-D. de Quézac, et leur confiance est si vive que dans toutes les maladies de leurs enfants ils ont employé le même moyen et toujours avec un succès consolant. »

« Telle est leur déclaration que Barthélemy Deleuze a signée avec nous le 12 décembre 1856.

Barthélemy Deleuze, — Rouvelet, vicaire,
Chaptal, vicaire, — Mournet, curé.

« Voici, enfin, sur une guérison opérée en juin 1849, les témoignages recueillis en 1856, par le clergé de Meyrueis (Lozère), où demeurait la personne guérie avec sa famille. Sophie Julien était, depuis deux ans, atteinte d'une ophtalmie purulente de la pire espèce, qui l'avait gravement affaiblie, et presque réduite à l'état de cadavre. Deux médecins habiles lui avaient prodigué les soins de leur art mais sans résultat heureux. La mère de Sophie, voyant que les remèdes humains étaient impuissants, forma le pieux dessein d'appeler sur sa fille les secours d'En-Haut par la médiation de Marie. Conjointement avec son mari, ils font vœu de porter leur chère enfant à Notre-Dame de Quézac et puis d'y faire dire une Messe pendant trois années consécutives. Mais il n'y a plus de temps à perdre, la jeune malade est frappée de cécité : elle discerne à peine les couleurs et sa faiblesse est telle que, pendant tout le trajet, la pauvre mère est obligée de la porter sur ses bras comme un enfant au maillot. Arrivés à Quézac, ils s'empressent de faire célébrer la sainte Messe et de satisfaire à leur dévotion. Cependant le ciel veut éprouver leur foi, et ne se rend pas d'abord à leurs désirs ; mais à peine reviennent-ils sur leurs pas que la jeune Sophie est prodigieusement soulagée et, dans moins de huit jours, elle est radicalement guérie.

L'année suivante les parents de Sophie observent religieusement leur vœu en faisant dire, pour la même fin, une seconde messe à Notre-Dame de Quézac. Mais la troisième année ils ont la faiblesse de manquer à ce devoir sacré, ou plutôt, suivant l'inspiration d'une personne de confiance, ils se contentent de faire célébrer le saint sacrifice à l'autel dédié à Marie dans l'église de Meyrueis. Mais la jeune Sophie, âgée d'environ neuf ans, redevient soudainement malade, et son dernier état n'est pas moins alarmant que le premier. Alors, sa mère vivement peinée se hâte d'accomplir littéralement son vœu. Elle fait acquitter une troisième messe à Notre-Dame de Quézac et autant la maladie de la jeune Sophie avait été prompte à se déclarer, autant elle l'est à disparaître et sans retour.

Ce fait attesté par les voisins vient d'être récemment raconté à M. le Curé de Meyrueis par la mère et la fille, en présence de MM. les vicaires, tous trois soussignés : l'abbé Ferrand, curé, l'abbé Pinet et l'abbé Bach, vicaires.

CHAPITRE XV

Fondation d'un monastère d'Ursulines dans la maison collégiale de Quézac

(1810)

L'abbé Vivens, curé de Quézac. — Il fonde un Monastère d'Ursulines dans la maison collégiale. — Filiations du Monastère. — Les Mères Ste-Ursule et Ste-Angèle. — Fondation de Serverette. — Un incendie détruit la maison de Quézac. — Transfert du Monastère à Ispagnac. — Des Sœurs sont laissées auprès du sanctuaire de Quézac. — La maison de Quézac est réparée. — Construction d'une chapelle à Ispagnac. — Le curé Mournet et les abbés Charrière, Pouget, Merle, aumôniers du Monastère. — Dévotion des Sœurs pour N.-D. de Quézac, leurs pratiques de dévotion, grâces obtenues.

Après la destruction, par les protestants, au seizème siècle, de l'église et de la maison collégiale, les ruines qui n'étaient que matérielles avaient pu être réparées. On ne pouvait, au sortir de la Révolution, songer à rétablir la Collégiale des chanoines après la confiscation des biens du Clergé. Mais la Providence divine a diverses voies pour arriver à ses fins. A la place de la Collégiale, dans la maison même qui lui avait servi de résidence pendant quatre siècles, elle fit naître un Monastère de Religieuses Ursulines. Aux pieds de la célèbre Madone, l'intensité de la prière liturgique que faisaient monter vers le ciel de nombreux ministres des autels allait être suppléée par le parfum des prières et des vertus d'âmes également consacrées à Dieu, plus nombreuses encore. Ce fut un enfant de

Quézac, ancien chanoine de la Collégiale de Bédouès, l'abbé Vivens, devenu, pendant la Révolution, curé de Quézac (1), qui eut l'intelligence de cette harmonieuse succession et qui s'employa à la réaliser.

Le nouveau curé de Quézac était propre à diriger la fondation d'un nouvel institut religieux. La vie de chœur qu'il avait menée tandis qu'il était membre du Chapitre de Bédouès, lui avait fait apprécier la perfection de ce genre de vie, les vertus qu'il demande, son importance pour la gloire de Dieu et le service de l'Eglise. Les filles des premières fondatrices écriront de lui plus tard : « Les habitants

---

(1) Le premier acte du curé Vivens, conservé dans les registres paroissiaux de Quézac est le mariage de François Grousset et d'Antoinette Bonnemayre, le 27 juillet 1798. Il succéda à l'abbé Gauthier, chanoine sacristain. Nous ferons remarquer que l'administration du diocèse de Mende, exercée, après la mort de Mgr de Castellane, par les abbés de Vebron et Bonnel, ses vicaires généraux, pourvut, avant le Concordat, à la nomination aux cures vacantes. C'est ainsi que l'abbé Villedieu reçoit, en 1797, sa nomination à la cure de Florac par le titre suivant : « Nous soussigné, vicaire général du diocèse de Mende, le siège vacant, sur les renseignements à nous donnés par des personnes très dignes de foi, des lumières, du zèle et de la bonne conduite de M. Villedieu, ci-devant curé de Fraissinet-de-Lozère, l'avons nommé à la cure de Florac, vacante par la mort de M. Tournemine, son dernier possesseur. Nous lui avons confié, à cet effet, toute la juridiction nécessaire pour régir la dite ville et paroisse en qualité de Curé. Cet écrit signé de notre main et muni du sceau de notre Chapitre cathédral lui servira de titre, en attendant que des temps plus heureux nous permettent de le revêtir des formes juridiques. A Mende, le 18 juin 1797. Bonnel. » Ce titre est entre nos mains.

de Quézae pleurèrent en lui un père, un ami, un bienfaiteur ; et nos Mères un guide éclairé dans les voies de la perfection, le plus ferme soutien de leur Institut » (1). A la science des voies ascétiques, l'abbé Vivens joignait un zèle intelligent et l'auréole d'un confesseur de la foi. Pendant la tourmente révolutionnaire, il n'avait cessé, au péril de sa liberté et de sa vie, de distribuer aux fidèles la consolation et les secours de la religion. Nous avons dit plus haut comment il avait été, un jour, délivré par ses paroissiens d'entre les mains des agents de la force publique (2).

Quant à la fondation nouvelle nous ne saurions mieux la faire connaitre qu'en reproduisant l'attrayant récit des Religieuses Ursulines elles-mêmes (3). « La paroisse de Quézac, petite localité agréablement située sur les bords de la rivière du Tarn, possédait des restes assez précieux d'une collégiale bâtie dans la seconde moitié du quatorzième siècle par le bienheureux Urbain V, à qui notre contrée se glorifie d'avoir donné naissance.

« Dans les premières années du siècle présent, le très respectable M. Vivens, curé de cette paroisse, voulant tirer parti de ces saintes ruines, y réunit quelques religieuses qui avaient survécu à la révolu-

---

(1) L'abbé Vivens est mort en 1825, frappé d'apoplexie en descendant de chaire.

(2) Dans le rapport des gendarmes, relatif à cette arrestation, le nom de l'abbé Vivens est couvert sous le pseudonyme Arnal.

(3) Circulaire N° 1 du Monastère d'Ispagnac, Quézac, Serverette aux autres maisons du même ordre (1er mai 1878).

tion et leur adjoignit quelques pieuses demoiselles. Madame Pelisse après être demeurée là quelque temps, en sortit pour aller fonder le couvent des Ursulines de Chirac, petite ville située dans la vallée de la Colagne, non loin de Marvejols. Madame Saint-Privat quitta aussi Quézac et se retira à Meyrueis, petite ville à l'extrémité sud du diocèse de Mende; elle y fonda une maison d'éducation sous le titre de Sœurs de l'Union chrétienne (1). Madame Dubès, compagne de la vénérable Mère Rivier et à qui cette illustre fondatrice aurait voulu déférer sa charge de Supérieure générale, mourut à Quézac, bien regrettée de toutes ses compagnes, à cause de ses rares vertus. Madame Alric, religieuse Bernardine, faisait partie de la communauté naissante. Madame Sainte Ursule était, avant la Révolution, économe du couvent des Ursulines à Mende. M. le curé Vivens lui confia le gouvernement de la petite communauté de Quézac. C'était une religieuse d'une vertu rare, et sa grande bonté lui attirait tous les cœurs. Elle fit adopter à ses nouvelles compagnes la règle et le costume de son ordre: c'était en 1810.

« Comme, avec la bénédiction de Dieu, le nombre des sujets allait toujours en augmentant, M. le Curé Vivens s'occupa d'agrandir la maison, et, dans sa sagesse, il combina son plan de manière à faire communiquer le monastère avec la tribune de l'église paroissiale; en sorte que, sans sortir de chez elles, nos Mères pouvaient assister aux offices de

---

(1) Ce sont les Sœurs de la Doctrine chrétienne de Meyrueis.

l'église, séparées des fidèles. Notre maison de Quézac jouit encore de cet avantage. A quelque temps de là, on fit l'acquisition d'un assez grand espace de terrain autour de la maison, et M. le curé Vivens le fit entourer d'un mur de clôture convenable.

« Mais ces heureux commencements avaient besoin d'un contre-poids. Dieu ne manqua pas de l'envoyer à nos Mères. Une maladie épidémique qui survint fit, parmi elles, de si nombreuses victimes, que la communauté fut comme sur le point de s'éteindre. Ce fut alors que dans le but, soit de faire un plus grand bien, soit de se procurer des sujets, notre digne Mère Sainte-Angèle, accepta un poste qui lui fut offert par la petite ville de Nant (Aveyron). Elle y conduisit six de ses Sœurs pour y fonder un établissement. Cette nouvelle maison fut bientôt prospère, mais au bout de quelques années, celle de Quézac dut renoncer à la posséder. Les exigences des autorités ecclésiastiques et civiles de Nant furent la cause de cette rupture. De son côté, l'autorité ecclésiastique du diocèse de Mende, voyant qu'on refusait à la Maison-Mère les sujets dont elle avait besoin, rappela ses religieuses à Quézac ne laissant à Nant que la Mère Saint-Louis de Teulle-Descamboux, qui avait été supérieure à Quézac, pendant neuf ans. Quelque temps après, les sœurs de Nant, ayant perdu par la maladie beaucoup de compagnes, furent obligées de s'affilier aux religieuses institutrices de Malet (Aveyron). Celles-ci embrassèrent en partie la règle des Ursulines, en revêtirent le costume et prirent le nom d'Ursulines de Jésus. Les Ursulines de Toulouse sont une des filiations de la maison de Malet.

« En 1836, une grande maison appelée le Château, et située sur le haut de la petite ville de Serverette, tout près de l'église paroissiale, fut proposée à notre Mère Sainte-Angèle. Elle en fit l'acquisition et y fonda avec six de nos Mères. un nouvel établissement. La position de cette maison est favorable à la santé; on y respire un air très pur. Aujourd'hui elle compte près de cent élèves internes et autant d'externes. La population de Serverette a toujours été dévouée à nos Sœurs; et les élèves répondent parfaitement aux soins et à l'affection de leurs chères maîtresses. Les intérêts spirituels et temporels de cette maison sont communs avec ceux de la maison d'Ispagnac. Ispagnac, Quézac et Serverette sont soumis à la Mère Supérieure générale, qui réside dans le premier de ces trois établissements.

« En 1841, un affreux incendie dévora notre cher monastère de Quézac et n'en laissa que les quatre murs. Nous fûmes grandement consolées alors par la charité des diverses maisons de notre Ordre. Toutes celles qui eurent connaissance de nos épreuves, s'empressèrent de faire parvenir des secours. La révérende Mère Saint-François, de Villefranche-sur-Saône, et la révérende Mère Sainte-Cécile, de Brives, nous proposèrent leurs maisons pour refuge. Nous voudrions faire connaître ici, en détail, toutes les générosités dont nous fûmes l'objet; mais il nous faudrait, pour cela, dépasser les limites d'une circulaire. Nous avons eu soin d'inscrire les

noms.de nos charitables bienfaitrices dans un registre qui les conservera pour l'édification des générations futures. La reconnaissance les a gravés
dans nos cœurs, et le Seigneur les a placés dans le
livre des éternelles récompenses.

« A cette époque de douloureuse mémoire, une
vieille maison seigneuriale, située à Ispagnac, qui
est à environ deux kilomètres de Quézac, fut proposée par nos Supérieurs ecclésiastiques à notre
Mère Sainte-Angèle. On en fit l'acquisition et nous
en prîmes possession vers 1842. Monseigneur
Brulley de la Brunière, évêque de Mende, vint nous
y installer avec solennité: Sa Grandeur bénit la
chapelle et la maison. Cette habitation, plus que
suffisante pour loger ses anciens maîtres, n'était pas
assez grande pour contenir des religieuses vouées à
l'enseignement. Il fallut y faire des agrandisse-
ments. Une modeste salle nous servit de chapelle.

« A la nouvelle de notre dessein de nous transfé-
rer à Ispagnac, les habitants de Quézac députèrent
à la Mère Supérieure quelques personnes influentes,
pour la prier de leur laisser au moins trois sujets,
afin qu'elles continuâssent l'œuvre de l'enseignement. Leur désir fut exaucé d'autant plus volontiers, qu'il répugnait beaucoup à nos Mères de quitter le berceau de leur enfance religieuse, les tom-
beaux de nos chères et vénérées Mères défuntes.

« Il leur en coûtait encore plus de s'éloigner d'un
sanctuaire où la Mère de Dieu siège comme Patronne et fait, depuis des siècles, éprouver à ceux
qui se prosternent devant son image, les effets merveilleux de sa puissance et de sa bonté. Il nous

faudrait des pages pour raconter les prodiges de tout genre, opérés par l'intercession de cette Madone.

Autrefois Quézac était regardé comme une.espèce de Terre Sainte. Quand les nombreux pèlerins, qui venaient prier au sanctuaire de Notre-Dame, en apercevaient le clocher, ils baisaient la terre et ôtaient par respect leur chaussure. Aujourd'hui, les miracles sensibles sont moins nombreux parce que nous n'avons pas la foi, la confiance et l'amour de nos pères ; cependant Notre-Dame de Quézac n'a pas cessé d'être regardée comme le divin Palladium du pays. L'hérésie huguenote s'est établie dans les pays environnants ; mais, arrivée près du sanctuaire de notre auguste Protectrice, elle s'est arrêtée comme devant une barrière infranchissable. »

« Notre communauté, y compris les novices, se compose de 67 membres ainsi répartis : 12 à Quézac, 15 à Serverette, 40 à Ispagnac. »

L'arbre, quatre fois séculaire de la Collégiale, abattu par l'orage de la Révolution, poussa donc un rejeton vigoureux, le Monastère des Ursulines de Quézac qui s'épanouit en plusieurs familles religieuses. Au lieu du collège de dix chanoines, qu'abritait l'ancienne maison collégiale, le nouveau monastère comptait, en 1878, sans parler des filiations qui en sont sorties, 67 professes ou novices adonnées à la louange de Dieu et à l'instruction chrétienne de la jeunesse ; car, tenant compte des nécessités d'un temps où l'impiété dispute à l'Eglise les jeunes générations. le nouvel Institut a joint à la vie contemplative les labeurs de l'enseignement.

La perte des vastes bâtiments de Quézac, détruits par les flammes, fut peu à peu réparée. Au lieu des quatre murs calcinés que laissa le sinistre incendie de 1841, on voit aujourd'hui et l'on admire une belle construction, coquette de sa blancheur et de ses harmonieuses proportions.

La modeste salle qui servait provisoirement de chapelle au monastère d'Ispagnac, a été rendue à sa destination première. L'achat d'une grange contiguë au jardin a fourni l'emplacement sur lequel a été élevé un monument religieux, qui est beaucoup plus « qu'une chapelle décente et bien tenue (1) » Ses assises, ses puissants contre-forts et les fortes nervures du chœur, en granit, les belles stalles qui forment tout le long des parois de la nef, comme un revêtement monacal, lui donnent ce cachet de grandeur qui est le propre des œuvres monastiques, œuvres fortement conçues et patiemment exécutées.

Le transfert de la maison-mère à Ispagnac en déplaça la direction spirituelle. Le monastère garde le religieux et reconnaissant souvenir « du bien respectable M. Mournet, ancien curé d'Ispagnac, qui, pendant plus de trente ans, gouverna la communauté. Sous sa précieuse direction, le monastère prospéra par le nombre des sujets, et se maintint dans son premier esprit de ferveur et de régularité. »

Le nombre croissant de professions religieuses ne permit plus que les soins spirituels de la commu-

---

(1) Circulaire Nᵒ 1.

nauté fussent cumulés avec les fonctions curiales.
Le premier aumônier du monastère, l'abbé Charrière, neveu de l'abbé Mournet « n'épargna rien pour obtenir que les élèves fissent des progrès dans la vertu et dans les sciences : récompenses, visites des classes, catéchismes nombreux, communions fréquentes, retraite annuelle » (1).

Son successeur, l'abbé Maurice Pouget, se dévoua à sa charge avec un tel zèle qu'il y épuisa trop rapidement ses forces. Il a été remplacé par M. l'abbé Jacques Merle, qui continue, avec un talent supérieur, l'œuvre de ses prédécesseurs.

Bien que la Maison-Mère ait été transférée à Ispagnac, les Religieuses Ursulines n'ont garde d'oublier que leur monastère a succédé à l'ancienne Collégiale de Notre-Dame de Quézac. Elles se considèrent comme les gardiennes de son sanctuaire. Les Sœurs de Quézac s'appliquent par la ferveur de leurs louanges à suppléer à celles des chanoines depuis cent ans muettes. De ce vallon solitaire, il s'établit, entre le ciel et la terre, un double courant de supplications et de grâces. Elles veillent à l'ornementation de l'image vénérée et de l'église, unissent volontiers leurs prières à celles des personnes qui sollicitent des grâces de la Madone, donnent, à titre de reliques, des parcelles de vêtements de la Sainte Vierge ou de l'huile de la lampe du sanctuaire. La Communauté d'Ispagnac partage les mêmes sentiments. Au matériel comme au spirituel, elle invoque Notre-Dame de Quézac comme sa

____

(1) Circulaire nº 1.

médiatrice toute-puissante. Elle pratique les pèlerinages, les neuvaines, les Messes célébrées en son honneur, propage sa dévotion parmi les parents des Sœurs, leurs élèves, les personnes qu'elle sait dans la souffrance et l'affliction. Depuis longtemps elle fait au sanctuaire de Quézac un pèlerinage, au mois de mai. Un autre du 8 septembre est la réalisation d'un vœu fait pour douze ans en 1893. Une maladie épidémique sévissait dans la maison : les Sœurs ont recours à leur Auguste Protectrice et font le vœu dont nous venons de parler. A peine était-il formé que l'épidémie s'arrête et, comme par une délicatesse maternelle, Notre-Dame de Quézac rétablit dans peu de temps une Sœur malade depuis plusieurs mois et abandonnée du médecin.

Cette Religieuse, Sœur N..... fut atteinte, en 1889, de la fièvre typhoïde dont elle se remit difficilement. Toutefois elle put reprendre la vie de Communauté et remplir les petits emplois qui lui furent confiés jusqu'en 1893. A cette époque, elle fut prise d'une toux violente et opiniâtre qui débilita encore sa santé déjà chancelante. Bientôt cette fatigue s'accentua et dégénéra en une grave hémoptysie avec complications. Les vomissements considérables de sang achevèrent de l'affaiblir, et, après le diagnostic du médecin, on perdit tout espoir de guérison. Mai et juin se passèrent en alternatives de très mal et de petits mieux. Peu à peu cependant l'état de la malade devint moins grave sans cesser d'être incurable. Sur ces entrefaites, la Communauté fit la promesse du pèlerinage à Quézac. A partir de ce jour, un mieux sensible se déclara qui alla s'accentuant pour aboutir à un rétablissement complet. Encore durant un pèlerinage de la Communauté au sanctuaire de Quézac, une Sœur, aphone depuis plusieurs mois, recouvre la voix aux pieds de la Vierge bénie. Tandis qu'on récite en commun le Rosaire de Marie, chaque sœur disant tout haut une dizaine d'Avé Maria, cette Religieuse est inspirée de saluer aussi notre auguste Mère, au nom de ses compagnes. Quel n'est pas l'étonnement général d'entendre ce timbre de voix déshabitué, un peu cassé, mais fort!

Ces délicatesses de la divine Vierge ajoutant à la cessation de l'épidémie des grâces aussi signalées firent penser aux Sœurs que la pratique des pèlerinages devait lui être bien agréable. Ces pèlerinages sont précédés d'une neuvaine de prières et d'actes de vertus aussi nombreux que possible, que les Sœurs d'Ispagnac présentent à leur céleste Mère comme un bouquet mystique de leur piété filiale, annonce de leur visite prochaine à son sanctuaire. Pendant le trajet elles récitent le Rosaire. La sainte Messe et la Communion sont, ce jour-là, offertes en l'honneur de Notre-Dame.

CHAPITRE XVI

Renouvellement de la dévotion
à Notre-Dame de Quézac

(1856)

L'abbé Buisson apprend providentiellement, de deux chanoines de Quézac, l'origine et les miracles de la Madone de ce sanctuaire. — Nommé curé de Quézac, il se propose d'en renouveler la dévotion. — Il répare l'église et enrichit la sacristie. — Il compose une relation sur Notre-Dame de Quézac, qu'il adresse à Mgr Foulquier, évêque de Mende, auquel il s'ouvre de ses projets. — Le Prélat l'approuve et demande à Rome des indulgences pour le sanctuaire de Quézac. — La fête du 21 septembre 1856. — Notre-Dame de Quézac revoit à nouveau de nombreux pèlerins. — La notice *Notre-Dame de Quézac*, par l'abbé Buisson.

L'abbé Vivens, par sa qualité d'ancien membre du Chapitre de Bédouès, son intelligence et son zèle, avait été l'homme du rétablissement, dans la maison collégiale, d'un institut religieux approprié aux circonstances et aux nécessités du temps. L'un de ses successeurs, (1) l'abbé Buisson, fut préparé

---

(1) A l'abbé Vivens succéda l'abbé Jaffuer (1825-1827) nommé, au bout de dix-huit mois, supérieur des Missionnaires diocésains. Il fut remplacé par l'abbé Bros, originaire de Lanuéjols, qui après avoir dirigé quatre ans et demi (1826-1832) la paroisse de Quézac, fut transféré à la cure de St-Chély-d'Apcher. L'abbé Brun, de Chassagnes, commune de Ribennes, lui succéda (1832-1837) et devint après curé de Serverette, puis curé de Florac. A sa place, fut nommé à la cure de Quézac (1837-1842) l'abbé Bessière, du Bouquet, paroisse de Montrodat; il fit exhausser le clocher et exé-

par des voies visiblement providentielles, au renouvellement de l'antique dévotion envers la célèbre Madone.

Dans un rapport (2) du 24 octobre 1856, à Mgr Foulquier, évêque de Mende, il raconte son initiation première à la dévotion de Notre-Dame de Quézac. « M. Louis Cruveiller, écrit-il, ancien chanoine de Quézac, et qui avait la plus grande dévotion pour cette noble patronne de l'ancien Chapitre, fut nommé à Sainte-Hélène au mois de janvier 1814. Souvent il publiait les merveilles opérées par la puissante Reine des cieux dans l'église collégiale. Il rapportait, de la manière la plus touchante, tout ce qu'il avait lu dans les vieilles archives du Chapitre, sur les prodiges de son invention et de son déplacement, leçons intéressantes que, jeune collégien, j'écoutais avec avidité sans me douter de ce que je serais plus tard. Depuis 1814 jusqu'en 1825, combien de fois ce saint

---

cuter les boiseries de la sacristie. C'est tandis qu'il exerçait le ministère dans cette paroisse que se déclara, le jour de la fête de la Dédicace des Eglises, à 9 heures du soir, l'incendie qui détruisit le monastère de Quézac : il fut si rapide et si violent qu'il consuma les meubles, le linge et presque toutes les provisions de bouche. L'abbé Bessière fut nommé curé à St-Etienne-du-Valdonnez. L'abbè Honoré Lapeyre le remplaça ; il ne resta que quelques mois à Quézac et marqua son passage par la réparation du mur du cimetière. L'abbé Jean-Baptiste-Xavier Buisson, originaire de Sainte-Hélène, lui succéda le 1er juin 1844 et restaura la dévotion de Notre-Dame de Quézac. Mgr Fayet, évêque d'Orléans, avait été vicaire de Quézac.

(2) Ce rapport est conservé aux Archives de la cure de Quézac.

prêtre n'a-t-il pas rapporté, quelquefois en répandant des larmes d'attendrissement, l'histoire touchante de la fervente piété des fidèles, et les miraracles fréquents de la miséricordieuse bonté de Marie ! »

Le jeune collégien entra au Séminaire, et, ses études ecclésiastiques terminées, fut ordonné prêtre en 1830. Nommé à Ispagnac avec le titre de vicaire, la Providence lui fit rencontrer pour collègue, un autre membre de l'ancien Chapitre de Quézac, l'abbé Louis Grégoire qui, sorti d'une honorable famille d'Ispagnac, s'était affectionné par piété et aussi par patriotisme, à la gloire du sanctuaire de Quézac. « Lui aussi le mit au courant des annales de l'église collégiale. Il avait vu les archives et en avait lu assez pour rendre témoignage de la vérité de l'invention miraculeuse de l'illustre Madone, et d'un grand nombre de miracles opérés par elle, en faveur de ceux qui mettaient en elle toute leur confiance. » (1)

L'abbé Buisson fut nommé à la succursale de Quézac, le 1er janvier 1844. A peine arrivé, le souvenir encore plein des merveilles qu'il avait entendues, « il forma le projet de travailler à faire revivre l'ancienne dévotion à Marie, afin que Marie fit renaître son ancienne protection sur son peuple .». Il commença par donner à l'église l'éclat d'une blanche et fraîche parure. Le malheureux incendie du monastère de Quézac venait de détruire les « beaux ornements » du sanctuaire, et avait mis la sacristie dans le dénuement. Il l'enri-

____

(1) Rapport cité.

chit de nouveaux ornements. (1) Il fit placer dans le
chœur un lustre de prix, des stalles en bois de noyer,
une table de communion ; dans l'église, des vitraux ;
dans les chapelles, des barrières en fonte et trois
tabernacles. Tous les autels des chapelles furent
remis à neuf, les tableaux rafraichis, les fonds
baptismaux et deux tabernacles dorés, la chaire
réparée. Un calice et un ciboire en vermeil furent
achetés au prix de 750 fr. (2)

Ces ornements et cette ornementation donnés au
sanctuaire, l'abbé Buisson concentra ses soins au
renouvellement de la dévotion à Notre-Dame de
Quézac. « Il fallait avant tout, écrit-il lui-même (3),
pour réussir dans cette entreprise, chercher dans
la tradition, écrite ou orale, la base et les motifs
de ce précieux renouvellement ». Pour cela il con-
sulta ce qui restait des vieilles archives du Chapitre ; il eut recours au témoignage des vieillards de
la localité (4), qui avaient connu, avant la Révolu-

----

(1) Il acheta un ornement avec deux dalmatiques en drap
d'or, deux ornements violet et noir, une étole pastorale en
drap d'or, un voile pour l'exposition du Saint-Sacrement ;
plus tard, il fit encore l'acquisition de sept aubes et de six
ornements, deux blancs, un rouge, un vert, un violet, un
noir, de deux armoires pour la sacristie.

(2) Toutes ces dépenses s'élevaient à 5.692 francs.

(3) Registre des archives de l'église de Quézac.

(4) Après les dépositions des deux anciens chanoines dont
nous avons parlé, « les plus importantes furent de Louis
Brager, décédé en 1849 à l'âge de 92 ans, d'Aimable Cogo-
luègne, décédé en 1848, à l'âge de 92 ans, de Louis Deleuze,
décédé en 1849, à l'âge de 86 ans, de Jean-Pierre Boutin,
ancien domestique des abbés Ferratis, anciens chanoines
de Quézac. »

tion, les chanoines de l'ancienne Collégiale et les avaient entendu rapporter ce qui était contenu dans les archives ; il nota pendant dix ans tous les renseignements qu'il put recevoir, fit, dans ce but, de nombreux voyages à Mende et ailleurs. De tous les matériaux ainsi recueillis, il composa un rapport qu'il adressa à Mgr Foulquier, évêque de Mende. Par forme de conclusion à son mémoire, il soumit au pieux prélat les mesures qui lui paraissaient propres à procurer le renouvellement projeté de l'antique dévotion : circulaire adressée par Sa Grandeur à son diocèse sur Notre-Dame de Quézac ; demande à Rome du couronnement de la statue vénérée ; grande manifestation présidée par l'Evêque accompagné de son Chapitre et préparation de cette fête par les exercices d'une retraite.

Le saint Evêque accueillit avec joie le rapport et les ouvertures du zélé Curé. Il le remercia et la félicita de son travail en l'honneur de Notre-Dame de Quézac (1) ; il ne crut pas cependant devoir demander tout de suite la faveur du couronnement. « C'est une grande grâce, écrit-il, et je crains qu'une dévotion presque éteinte, eut-elle été répandue au loin dans les temps anciens, ne suffise pas pour cela ; nous mettrons cependant un jour tout en œuvre pour l'obtenir. Mais j'ai cru devoir, avant tout, obtenir des indulgences et j'ai écrit pour cela à N. S. Père le Pape. » Les indulgences furent obtenues. Un indult du 19 février 1856 accorda, pour le sanctuaire de Quézac, 7 indulgences plénières et

---

(1) Lettre du 14 janvier 1856 conservée aux archives de la cure de Quézac.

des indulgences partielles. L'abbé Buisson, content de cet indult, ne s'en déclara pas cependant satisfait. Il demanda qu'on y ajoutât particulièrement une indulgence plénière à gagner l'un des jours de l'octave de la Nativité. Pour condescendre à ce désir, de nouvelles indulgences plénières furent sollicitées de Rome et accordées, au nombre de 3, par un second Bref, en date du 5 septembre 1856.

Mgr Foulquier se prêta encore aux désirs du bon curé en adressant à ses diocésains une circulaire pour la dévotion à Notre-Dame de Quézac. Après sa publication, l'heureux desservant s'empressa d'en communiquer à son évêque cette impression enthousiaste: « Je suis heureux de pouvoir vous annoncer que votre circulaire sur Notre-Dame de Quézac a produit un excellent effet sur l'esprit des populations. Déjà les pèlerinages sont nombreux, tout annonce que la foi et la ferveur du moyen-âge vont renaître. » (1)

C'était un premier appel. Un second, non pas plus autorisé mais plus retentissant, fut la grandiose manifestation organisée pour le 21 septembre 1856. Mgr Foulquier devait se rendre à Quézac avec les chanoines de sa cathédrale et un nombreux clergé, pour y promulguer les indulgences accordées par le Souverain Pontife « et consacrer sa personne et son diocèse à Notre-Dame de Quézac » (2). Une retraite de huit jours devait préparer les fidèles à cette fête.

---

(1) Lettre de l'abbé Buisson à Mgr Foulquier, du 13 août 1856 (Archives de la cure de Quézac).

(2) Lettre de Mgr Foulquier, 14 août 1856. *(Ibidem)*.

Un mois avant le jour fixé, un événement survint qui traversa les préparatifs sans les arrêter. La principale cloche se brisa au premier coup qu'elle sonna, le premier dimanche de mois d'août. Il n'y avait pas un moment à perdre. Il fallait qu'elle fut refondue et remise en place pour le 21 septembre. Le curé, accompagné du maire de la commune (1), fait une quête à domicile chez ses paroissiens qui se montrèrent tous généreux, et envoie chez un fondeur d'Alais la cloche qui fut prête dans le délai marqué. (2)

La fête fut une de ces manifestations grandioses qui font époque dans un sanctuaire. Le *Journal de la Lozère* en publia le compte-rendu suivant écrit par M. l'abbé Julien Polge, secrétaire particulier de Mgr Foulquier.

« Elle était oubliée : quelques rares pèlerins fidèles à de pieuses traditions de famille allaient encore déposer leurs vœux dans son sanctuaire, mais nulle manifestation générale, nul concours des populations lozériennes. Le temps qui outrage tout, et les révolutions qui bouleversent tous les souvenirs, avaient conspiré à faire perdre de vue le pèlerinage jadis si célèbre de Notre-Dame de Quézac; il semblait oublié à jamais, au milieu des gorges du Tarn. Le ciel ne l'a pas permis. Il a suscité un pieux prélat, jaloux de rendre au culte de Marie son antique splendeur; vrai pasteur qui connaît bien ses brebis, il sait l'humeur peu voyageuse des enfants de la montagne; il a compris qu'il leur fallait, non loin du village, une Madone qui entendit

____

(1) Le maire de Quézac s'appelait alors Jassin.
(2) Registre des archives de la cure de Quézac.

leurs prières et reçut leurs hommages ; il la leur a donnée ou plutôt rendue...

« La fête du 21 septembre n'était donc pas une inauguration, mais bien le réveil solennel de la foi et de la dévotion populaires de tout un peuple. Elle donna aux dévots serviteurs de Marie de bien douces consolations.

« Une touchante cérémonie précéda le grand jour. L'Eglise, désireuse de ramener à notre tendre Mère des enfants oublieux, voulut prendre une voix plus pure et plus sonore ; la bénédiction d'une cloche, aux significations mystérieuses, ne pouvait être plus opportune (1). Sa voix fut bien entendue. Dès l'aurore du lendemain, les fidèles remplirent l'enceinte de l'église de Notre-Dame. Une nombreuse communion, donnée par Mgr l'Evêque, attesta les fruits heureux de la retraite préparatoire prêchée par le R. P. Gaydou (2). Après la messe, célébrée pontificalement par Mgr l'Evêque, assisté de la majorité de son Chapître, le curé de la paroisse, M. Buisson, le cœur plein de joie de voir de ses yeux le jour si longtemps attendu du triomphe de sa chère Madone, réunit à sa table les membres du clergé accourus de toutes les parties du diocèse.

« La cérémonie du soir fut inaugurée par la bénédiction de la couronne donnée à Notre-Dame par les chanoines de l'église cathédrale. Après vêpres, la statue miraculeuse ornée de ce brillant

---

(1) La marraine en fut Mme Caroline Marie Monteils, de Mende, née Treille, et le parrain Osmin Jaffard, juge d'instruction à Mende. La cloche reçut le nom de Marie-Caroline.

(2) Le R. P. Gaydou, de la Compagnie de Jésus, était alors professeur au Grand-Séminaire de Mende.

diadème, vêtue d'un riche manteau et d'un voile tout étincelant, fut portée en triomphe autour de sa demeure chérie. Elle s'élevait comme une aurore nouvelle, toute étincelante des parures offertes par des mains biens dévouées. Un cœur en vermeil, hommage d'une famille entière, brillait sur son sein et présageait heureusement la piété et la munificence futures.

« Précédée d'une nombreuse procession, où se trouvaient, par intervalles, des chœurs de jeunes filles qui chantaient ses louanges, elle recevait sur son passage des marques non équivoques d'une foule empressée de la vénérer. Qu'il était beau de voir revivre l'antique piété de nos pères, dans ces saintes inscriptions enlacées dans des guirlandes suspendues sur la route ! Qu'il était consolant de voir se déployer dans les sentiers du riche vallon (1) ces longues files de pèlerins répétant sans se lasser l'invocation de la Vierge, faisant retentir les gorges riveraines des accents dictés par l'Eglise et inspirés par l'amour le plus tendre ! Qu'il fut beau surtout le moment où, en présence du vieil édifice, aux formes gothiques, la bonne Madone fut déposée sur un trône de gloire, portée, pour ainsi dire, par la foule de ses enfants et même des hérétiques attirés par la curiosité. Une estrade était prête, le R. P. Gaydou y monta et annonça d'abord les faveurs insignes accordées par le Saint-Siège à l'église de Notre-Dame de Quézac, puis, dans une éloquente improvisation, il publia les grandeurs de Marie, sa

____

(1) La procession anuelle votive avait été faite, selon la teneur du vœu, le dimanche précédent, 14 septembre. La procession du 21 septembre fut une seconde procession.

prédilection pour ce sanctuaire béni, ses bienfaits pour les Cévennes, et sa joie future si nos frères égarés, la reconnaissant aussi pour leur mère, venaient dans nos rangs occuper la place de leurs vieux pères dans la foi.

« Après cette brillante allocution que nous regrettons de ne pouvoir reproduire toute entière, l'image sainte a été rapportée dans son sanctuaire. Alors Mgr l'Evêque, au nom de tout son diocèse, a adressé à Marie une touchante et pieuse consécration la priant de continuer sa puissante protection sur un peuple oublieux peut-être un moment des traditions glorieuses de ses ancêtres, mais toujours et à jamais dévoué au culte de la Vierge Immaculée.

« La bénédiction du St-Sacrement, au milieu de mille feux élégamment distribués, couronna dignement ce jour à jamais mémorable. »

Un procès-verbal de la cérémonie, consigné dans un registre de la cure de Quézac, contient quelques détails qui méritent d'être signalés après le compte-rendu du *Journal de la Lozère* :

« La foule fut si extraordinaire qu'il fallut renoncer à faire les exercices dans l'église. Un autel fut dressé sur la place qui domine le cimetière, à côté de la Croix de la Mission, à droite. A 2 heures précises, la vénérable Madone y est portée. Un magnifique manteau de soie blanche, brodé d'or, autour duquel courait une guirlande de branche de chêne aussi en or, l'enveloppait toute entière ; de la tête pendait un voile brodé d'or aux chiffres de Marie ; sur son front, reposait un riche diadème qui, avec celui qui embellissait la tête de l'Enfant-Dieu, complétait cette magnifique parure. Le Chapitre de Mende avait donné les deux couronnes ; le manteau, le voile (1) et les ornements de l'autel, l'avaient été par de pieux fidèles.

« Alors se fit la cérémonie du couronnement par Mgr l'Evêque (2). Le vénérable prélat, après avoir béni les deux couronnes, les plaça sur la tête de la Mère et de l'Enfant, pendant qu'un chœur de jeunes vierges faisaient retentir la riante vallée de leurs cantiques mélodieux ; des larmes d'attendrissement et de bonheur décèlaient les vives émotions d'un grand nombre » (3).

L'ardent désir du zélé curé de Quézac fut réalisé par cette solennelle démonstration de piété : la dévotion envers l'illustre Madone en fut renouvelée.

« Depuis cette solennité à jamais mémorable, écrit-il dans sa notice sur Notre-Dame de Quézac, le sanctuaire de la Reine des Cieux a été fréquenté par de nombreux pèlerins et à peine y a-t-il eu quelque jour où l'on n'ait vu des enfants de Marie faire plusieurs lieues pour venir lui offrir l'hommage de leur confiance filiale et le tribut de leur

---

(1) Le voile fut donné par la marquise de Fleury, le marquis de Fleury était alors préfet de la Lozère ; le manteau le fut par Madame Caroline Monteils, de Mende ; Mademoiselle Fayet, de Mende, fit don d'un très joli cœur en vermeil.

(2) Ce couronnement ne fut, dans la pensée du saint évêque, que « un premier couronnement », comme il l'écrivait à l'abbé Buisson le 5 novembre 1860 (archives de la cure de Quézac), un prélude du couronnement solennel au nom et en vertu de l'autorité du Souverain Pontife.

(3) Arch. de la cure de Quézac.

amour » (1). La procession votive en reçut aussi un élan qu'elle a conservé depuis.

L'abbé Buisson ne s'en tint pas là. Il prépara, pour l'impression, la relation manuscrite par laquelle il avait appuyé, auprès de Mgr Foulquier, ses premières ouvertures sur le renouvellement de la dévotion à Notre-Dame de Quézac. Le prélat daigna non-seulement l'encourager mais le conseiller et voir les épreuves typographiques. Il en parle dans une de ses lettres (2) comme d'une relation « qui est si belle et si touchante ». Le baron de Chapelain, qui devait écrire plus tard un opuscule sur le sanctuaire de Quézac la lut et « en fut satisfait et édifié » (3). La notice parut en 1857. Elle compte 84 pages et contient, outre l'histoire de Notre-Dame de Quézac, une neuvaine à la Sainte Vierge, les prières de la messe, les vêpres du dimanche et les complies.

Un autre projet de l'abbé Buisson, en faveur du pèlerinage de Quézac, avait été le couronnement de la célèbre Madone, au nom du Souverain Pontife. Nous verrons, dans le dernier chapitre de cet ouvrage, ce qu'il fit pour le réaliser.

---

(1) Notre-Dame de Quézac.

(2) Lettre du 5 novembre 1860. (Archives de la cure de Quézac).

(3) Lettre de Mgr Foulquier du 11 avril 1857. (Ibidem).

CHAPITRE XVII

Restaurations à l'église de N.-D. de Quézac
(1898-1902)
Nouvelles grâces obtenues
(1861-1895)

L'abbé Valgalier entreprend de nouvelles restaurations
à l'église de Quézac. — Il conserve son élan à la
dévotion de Notre-Dame. — Grâces signalées obtenues.

L'abbé Vivens, dans les premières années du
XIXe siècle, avait fondé, au lieu et place de la
Collégiale, un Monastère d'Ursulines. Vers le
milieu de ce même siècle, l'abbé Buisson avait, par
son zèle persévérant, renouvelé l'antique dévotion
et réappris aux pèlerins le chemin de l'illustre
sanctuaire. Son successeur, l'abbé Valgalier (1),
entraîné par sa vive piété envers Notre-Dame de
Quézac, assuma la lourde et onéreuse tâche de
remettre en harmonie l'église actuelle avec le bijou
d'architecture gothique qui existait autrefois. Après
qu'elle fut terminée, la *Croix de la Lozère*, dans
son numéro du 17 septembre 1899, dit ce qu'avait
été la restauration du chœur. Nous lui empruntons
ce compte-rendu.

« M. le curé Valgalier a eu l'heureuse inspiration
de rendre à la vieille église collégiale son cachet
artistique. La restauration du chœur est terminée

____

(1) L'abbé Valgalier devint vicaire de Quézac en septembre 1859 et fut nommé, sur place, curé de la même paroisse,
en 1867, à la mort de l'abbé Buisson. Il est resté curé de
Quézac jusqu'en 1902, année de sa mort.

et ce travail lui fait le plus grand honneur, ainsi qu'à l'architecte (1) qui a su si bien retrouver les moulures primitives dans des tronçons mutilés et informes. L'abside à cinq pans est percée de quatre baies géminées (la dernière est aveuglée par le clocher) se correspondant avec symétrie. Le meneau s'épanouit dans l'ogive, sous forme de quatre-feuilles, ou, ce qui est plus gracieux encore, sous forme de trèfle aux feuilles allongées. Le premier vitrail, à droite, représente Urbain V offrant l'église à la Vierge assise dans un nuage avec l'Enfant Jésus sur ses genoux. Le second reproduit la fuite en Egypte : S. Joseph arrêté montre à Marie la route qui serpente dans un paysage bleu clair, tandis que l'âne tire la laisse pour aller boire à la cascade voisine. Le troisième, celui du milieu, représente le tableau connu de l'Institution du Rosaire. Au bas, on lit, accolés, les écussons de Monsieur le Comte et de Madame la Comtesse de Bernis, les généreux donateurs. Le quatrième a pour sujet sainte Anne instruisant la Sainte Vierge. Tous ces vitraux sont de belle facture (2) et produisent le plus charmant effet. Ils encadrent un autel monumental en marbre blanc, porté sur quatre colonnes séparant trois bas-reliefs sculptés sur fond or. Une niche gothique, à l'ogive fleuronnée, est posée sur une base décorée

---

(1) M. l'abbé Onésime Laurans, vicaire général honoraire, curé-doyen de Saint-Chély, qui a dirigé les belles constructions du petit-séminaire, du grand-séminaire et de plusieurs églises du diocèse.

(2) Ces vitraux sont sortis des ateliers de l'Institut catholique de Vaucouleurs (Meuse) dirigés par Martin Pierson, sculpteur-statuaire.

de quatrilobes sur fond veiné rose. Le chœur est fermé par un appui de communion en marbre blanc qui se découpe en petites ogives entourées de filets d'or (1).

« L'intérieur de l'abside est recouvert d'un crépissage carrelé en moyen appareil. L'extérieur est en assises régulières avec contreforts couronnés en granit. Elle est en granit, aussi, l'épaisse corniche qui entoure le chœur (2). »

Des stalles nouvelles (3) qui s'harmonisent pleinement, par le style et le fini de l'exécution, avec la belle restauration de l'abside, ont remplacé, depuis, celles de l'abbé Buisson. Le gros œuvre de la réfection de la toiture a suivi, de près, celle des boiseries du chœur. C'est à ce point avancé que le vénéré Curé conduisit la restauration du sanctuaire de Notre-Dame de Quézac. Dieu ne lui laissa pas le temps de l'achever. Il voulut récompenser l'ouvrier avant que l'ouvrage ne fut terminé.

Pour sa belle entreprise, écrit la *Semaine reli-*

---

(1) Le maître-autel et la table de communion sont de MM. Baussan et Bouvas, marbriers de Bourg-Saint-Andéol (Ardèche). Ils ont coûté 4.000 francs.

(2) Les matériaux calcaires de l'ancienne église ont été éprouvés par les influences atmosphériques. Les parties finement taillées qui existaient à l'extérieur ont été délitées par l'effet de le gelée. Pour éviter ces inconvénients, il a paru nécessaire d'employer le granit pour la construction des corniches et couronnements de contreforts, et, par suite de l'emploi de ces matériaux, le profil de ces corniches a dŭ être tracé d'une manière très simple.

(3) Elles sont l'œuvre de MM. Bélard, père et fils, d'Ispagnac, très honorablement connus dans la région pour leurs travaux d'ameublement religieux.

gieuse de Mende (1) « l'abbé Valgalier a quêté, il a sollicité pour trouver des ressources; ses petites économies et ses biens patrimoniaux qui étaient considérables ont été dépensés sans compter (2): il laisse, après lui, un beau monument marqué au coin du bon goût, de belle venue architecturale, digne de Notre-Dame et du bon serviteur qui a passé sa vie à la glorifier. »

Durant la longue carrière pastorale de l'abbé Valgalier, la dévotion à Notre-Dame de Quézac conserva l'éclat qu'elle avait reçu de son pieux prédécesseur. La procession votive, toujours préparée par les exercices d'une retraite, fut, chaque année, une magnifique démonstration de la piété des habitants de la contrée envers la puissante Madone.

Des grâces, pour l'âme et pour le corps, ont été, comme par le passé, obtenues par l'intercession de Notre-Dame de Quézac. Mais plus d'une fois le pèlerin trop discret a gardé, dans son cœur, le secret de faveurs qui méritaient d'être publiées. Nous sommes heureux de pouvoir toutefois ajouter, aux guérisons racontées par l'abbé Buisson, les faits postérieurs suivants, qui nous ont été communiqués par la Révérende Mère Supérieure du Monastère des Ursulines d'Ispagnac.

---

(1) Numéro du 9 mai 1902 : *Nécrologie.*

(2) Une note manuscrite de sa main, nous révèle qu'il y avait dépensé 20.000 fr. et ajoutait qu'il en faudrait autant pour terminer la restauration complète.

FAITS SIGNALÉS DE LA PROTECTION
DE NOTRE-DAME DE QUÉZAC

« Le fait suivant s'est produit en 1861. (C'est une Sœur Ursuline d'Ispagnac qui parle).

« Mon frère, Jean-Baptiste Boissonnade, de la Brugère, paroisse de Sainte-Colombe, fut pris d'une maladie grave, occasionnée par un refroidissement eontracté en restant trop couché à l'ombre pendant la belle saison.

« M. Prunières, docteur à Marvejols, donnait ses soins au malade.

« Un de mes oncles le voyant dépérir de jour en jour, pria le docteur de multiplier ses visites et de ne rien épargner pour guérir son neveu : « Je ferai tout ce qui dépendra de moi, pour cela, répondit le médecin, mais je n'ai pas d'espoir car la maladie n'ayant pas été connue dès le début, on a administré des remèdes tout-à-fait contraires. »

« Le mal s'aggrava toujours. Le malade se croyant perdu songea à mettre ordre aux affaires de sa conscience. Après sa confession, il pria M. l'abbé de m'écrire afin de le recommander à mes prières et à celles de la Communauté.

« A la lecture de cette lettre, vivement peinée en songeant que je ne tarderais pas à apprendre le décès de ce cher frère, des larmes brûlantes jaillirent de mes yeux. Une de nos regrettées Mères, bonne Sœur Saint-Charles, à la foi vive et ardente, et personne de cœur, me demanda la cause de mon chagrin. Je lui montrai ma lettre et lui fis part de mes pressentiments : « Non, ma chère petite sœur, me dit-elle, votre frère ne mourra pas, ayez con-

fiance en Notre-Dame de Quézac, envoyez une neuvaine de messes, la Communauté priera pour lui, il
viendra lui-même, dès qu'il le pourra, faire un pèlerinage et je vous assure que la Sainte Vierge le
guérira. » Tout fut promis. Quelques jours après,
je reçus une lettre m'annonçant une petite amélioration dans l'état de mon cher malade ; mais il y
avait loin de là à une complète guérison. Depuis des
semaines il n'avait pu prendre qu'un peu de tisane
pour toute nourriture, on craignait que le mal dégénérât en phtisie.

« J'écrivis à mon père pour lui faire part des promesses que j'avais faites et lui annoncer ma profession religieuse qui devait avoir lieu à quinze jours
de là. Je l'engageai à venir y assister et à faire le
pèlerinage promis. Quelle ne fut pas ma surprise,
lorsque, en entrant au parloir, je vis venir à moi
mon cher frère lui-même qui s'avançait pour me remercier. Je n'en pouvais croire mes yeux. Le lendemain, il fit le pèlerinage de Quézac, en compagnie de M. Valentin alors curé de notre paroisse,
de mon père et de deux de mes frères.

Une de nos Mères, connaissant la grande dévotion de sa sœur, mariée non loin d'Ispagnac, envers
Notre-Dame de Quézac et sachant qu'elle en avait
reçu plusieurs bienfaits, la pria dernièrement de lui
en faire le détail. « Ce détail serait long et intéressant, lui répondit-elle, car elles sont nombreuses et
marquantes les grâces que j'ai obtenues par l'intercession de cette bonne Mère. J'ai recours à elle dans
toutes mes nécessités, et, moyennant la prière et

l'emploi des reliques que tu m'as procurées, j'ai toujours éprouvé d'une manière sensible les effets de sa puissante protection. Dieu sait pourtant dans quelles pénibles circonstances je me suis trouvée.

« A l'âge de 2 ans, mon fils N... qui est aujourd'hui au service fut pris d'une toux violente et opiniâtre qui mit ses jours en danger. Les quintes répétées influèrent tellement sur l'organisme du pauvre petit qu'elles le désorganisèrent complètement, au point qu'il rendait les excréments par la bouche (1). Le fait se produisit plusieurs fois et c'était vraiment pitié de voir alors ce pauvre enfant. J'étendais sur lui un linge pour recevoir les matières excrémenteuses qu'il répandait avec une abondance extraordinaire, à la suite d'efforts violents. Dans cette extrémité, je me souvins de ce que tu m'avais dit de Notre-Dame de Quézac, car je n'avais pas fait alors comme aujoourd'hui l'heureuse expérience de sa puissante médiation, et, prenant une relique consistant en une parcelle d'un ancien manteau de la Vierge, je la plaçai sur la poitrine de mon enfant en invoquant, de toute mon âme, la Madone compatissante. La Bonne Sainte Vierge ne se fit pas prier longtemps, ce jour-là même, la toux cessa et mon enfant revint à la santé. Depuis lors il s'est toujours bien porté.

Voici un autre fait. C'est la même personne qui parle. — En 1895, ma petite-fille, âgée alors de 3 ans, fut atteinte d'une enflure générale de tout le corps, qui s'accentua au point de la rendre difforme.

____

(1) Tel est le récit de la mère, mais ces matières pouvaient n'être que fécaloïdes.

Elle était raide comme un tronc et toute violacée. C'était le cas de recourir à mon tout-puissant médecin, je n'y manquai pas. J'oignis l'enfant avec l'huile de la lampe qui brûle devant son image et lui fis porter, en guise de scapulaire, les reliques que je possédais. En même temps, je priai Marie avec la plus entière confiance. Cette fois encore, comme toujours, Marie vint à mon aide. L'enflure disparut presque instantanément. Gloire et reconnaissance à notre céleste Mère. Pour lui témoigner ma gratitude, je fis, en cette même année 1895, un pèlerinage à Quézac avec l'enfant, mon mari et toute ma famille, et je fais dire chaque année plusieurs messes en l'honneur de Notre-Dame de Quézac.

Une mère de famille de Nozières, paroisse d'Ispagnac, se reconnaît aussi bien redevable à Notre-Dame de Quézac. En 1888, la seconde de ses filles, âgée d'un an, fut affligée de ce mal, tant redouté des mères, qu'on nomme la teigne. Craignant pour son enfant quelqu'une des infirmités résultant assez souvent de cette maladie, plus encore que le mal lui-même, la pieuse mère promit à la Sainte Vierge de porter sa fillette à Quézac, si elle voulait bien la guérir, le 2 février, fête de la Purification.

Aussitôt après cette promesse, les boutons purulents disparurent et, le jour même, l'enfant était radicalement guérie.

Mais, le 2 février, la température était très froide, cette année-là, et le village de Nozières se trouvant assez éloigné de Quézac, la mère, dans la crainte de faire prendre mal à son enfant, remit à plus tard la réalisation de sa promesse. La Sainte Vierge ne se montra pas satisfaite de cet accommodement. Dans la semaine qui suivit la fête, l'enfant redevint malade comme auparavant. La mère, reconnaissant sa faute, dit à son mari : « Je ne serai tranquille que lorsque j'aurai fait mon pèlerinage; quelque temps qu'il fasse, partons pour Quézac. » On se mit en route emportant une certaine quantité d'huile destinée à alimenter la lampe du sanctuaire. Le père, la mère et l'enfant assistèrent au Saint-Sacrifice. O prodige ! Le mal et même toute trace de mal disparurent. Ce trait, certifié par la mère encore en vie, montre combien il importe d'accomplir exactement les promesses faites à Dieu et à ses Saints.

Un autre fait qui fut assez remarqué à Ispagnac et Quézac, c'est la guérison, vers 1865, de Mlle Tourgon, dont le père était Directeur des mines de plomb argentifère de Montmirat. M. l'abbé Cordesse, curé-doyen de Fournels, vicaire à Ispagnac, au moment où cet événement se produisit, nous en a écrit le récit suivant :

« Mlle Tourgon fut atteinte d'une violente et opiniâtre diarrhée. Des médecins de Mende, Florac, Alais, furent consultés ; ils donnèrent des remèdes qui ne produisirent aucun effet. Bientôt, par suite d'un affaiblissement continu, les jambes de la malade ne purent plus la supporter ; le sang circulait mal et il fallait frictionner les jambes, l'une tout particulièrement, pour y maintenir un peu de vie. J'allais voir fréquemment cette famille avec laquelle j'étais dans les meilleurs rapports.

« Un jour, je demandai à M. Tourgon si les médecins n'avaient pas conseillé le sous-nitrate de bismuth, ajoutant que le docteur Salvat, frère de ma belle-sœur, n'employait pas d'autre remède et s'en trouvait très-bien. Sur-le-champ, on attelle la voiture et l'on va en chercher à Florac. On en fait prendre quelques paquets à la malade; au bout de deux ou trois jours, plus de diarrhée. Ce qui me valut des félicitations et des reproches, félicitations pour la guérison, reproches de n'avoir pas fait connaître plus tôt mon remède.

« Mais la cessation du mal n'avait pas rendu l'énergie à la jambe. La malade ne pouvait marcher qu'avec des béquilles et on la promenait dans une voiture à bras. On eut recours à Notre-Dame de Quézac, on pria beaucoup, peut-être fit-on dire une neuvaine de messes, toujours est-il que Mlle Tourgon laissa un jour ses béquilles à Quézac et que les jambes avaient repris leur force et leur énergie. Elle resta cependant un peu boîteuse. » Ses béquilles furent suspendues en ex-voto à la sacristie de l'église de Quézac où on les voit encore.

Un second ex-voto a été donné depuis : c'est une plaque de marbre portant en lettres d'or le mot « Reconnaissance » et la date « 1898 ». Puissent-ils être suivis d'autres encore et redonner au sanctuaire cette parure qu'il avait avant 1793, faite des trophées de la Puissance de l'illustre Madone.

CHAPITRE XVIII

Les restaurations continuent à l'église (1903) Etat actuel de la dévotion à Notre-Dame de Quézac

L'abbé Bonnefous, successeur de l'abbé Valgalier, continue les restaurations. — Quelques bienfaiteurs de la Vierge de Quézac au 19ᵉ siècle. — L'histoire de Notre-Dame de Quézac. — La procession votive dans les commencements du 20ᵉ siècle, l'affluence des pèlerins. — Confiance en la puissante Madone. — Processions pour conserver les récoltes menacées.

Après la mort de l'abbé Valgalier, un successeur lui fut choisi, par l'autorité diocésaine, qui fut capable de poursuivre jusqu'au bout sa généreuse et pieuse entreprise. Peu de jours après son arrivée à Quézac, le nouveau curé, M. l'abbé Bonnefous, pour montrer combien son zèle avait hâte de répondre à la confiance qui lui était témoignée, annonçait à ses paroissiens son dessein de continuer les restaurations de son vénérable prédécesseur. Cette promesse a été aussitôt tenue. Un béton (1), à figures géométriques régulières, a remplacé un mauvais pavé en dalles, qui, sous de multiples pressions, avait, depuis longtemps, cessé d'être un plan horizontal. La confection de bancs et d'une chaire de style gothique, bien ouvrés, sont, au moment où nous écrivons, en cours d'exécution (2). Un

____

(1) Ce béton est l'œuvre de M. Martinazzo, de Mende.

(2) Les bancs sont de la facture de M. Bonnefous, menuisier à Chanac. La chaire est de MM. Bélard, père et fils.

grillage en fonte établira une séparation entre la nef et le fond de l'église ; une porte à deux battants y sera posée, qui sera ouverte les jours de fête, pour donner place aux pèlerins. Pressé de faire accomplir ces réparations, urgentes pour la décence intérieure du sanctuaire, M. l'abbé Bonnefous est allé, dans le devis de ces divers travaux, au-delà de ses ressources ; mais il a compté sur l'aide de Notre-Dame de Quézac qui, aujourd'hui, comme dans le passé, saura trouver parmi ses nombreux dévots, de généreux bienfaiteurs.

Une confiance si haut placée ne saurait être présomptueuse. Elle aurait, d'ailleurs, pour la justifier, outre ce que nous avons rapporté dans les chapîtres précédents de cette histoire, le secours que ses prédécesseurs immédiats, l'abbé Buisson et l'abbé Valgalier, ont trouvé dans les riches offrandes de pieux fidèles. Parmi les serviteurs qui se sont plu, dans la seconde moitié du dix-neuvième siècle, à parer la statue vénérée, à orner les autels et l'église de la célèbre Madone, les archives de la cure et les habitants de Quézac gardent le souvenir reconnaissant des Chanoines de Mende, de Mme la marquise de Fleury, de la famille de Chapelain (1), de la famille de Bernis, de Mme Monteils, mère du docteur

-----

(1) D'anciens liens de famille rattachent les de Chapelain à Quézac. En 1743, Antoine de Malbosc Montvert bénit le mariage de Messire Jean-Antoine Hercule d'Altier, de Borne, de Budos, chevalier, seigneur et comte de Champs, avec demoiselle Marie-Thérèse de Malbosc de Miral, fille de Messire Charles de Malbosc, chevalier, seigneur de Miral, Malbosc, les Bondons, Fayet et autres places, demeurant à Quézac.

Monteils, de Mende, de Mlle Fayet, de Mme d'Haut-poul, de Mme Valette etc.

Ce n'est pas seulement pour la restauration du sanctuaire de l'illustre Madone que M. l'abbé Bonnefous s'est, en quelque sorte, identifié avec son vénérable prédécesseur. L'abbé Valgalier avait vivement désiré « une biographie documentée » de Notre-Dame de Quézac. Quand il eut appris qu'un ouvrage de cette nature était selon ses désirs, en préparation, il pressa l'auteur, à maintes reprises, de travailler à une œuvre de laquelle il devait « résulter honneur et gloire pour notre Mère du Ciel. » Tous ceux qui savent, par expérience, combien l'on est porté à négliger des travaux qui ne doivent avoir qu'un rang secondaire dans les occupations de tous les jours, comprendront l'utilité de pareilles excitations et la part qu'elles ont eue à l'apparition de cette histoire de Notre-Dame de Quézac. M. l'abbé Bonnefous, instruit des vifs désirs manifestés par son vénéré prédécesseur pour la composition et la mise au jour de cette monographie religieuse, les a partagés dès sa nomination à la cure de Quézac. Nous le remercions bien vivement pour l'empressement avec lequel il a voulu concourir à cette publication et nous a fourni les informations locales dont nous avons eu besoin.

Nous avons encore trouvé, pour ce travail, les meilleurs encouragements auprès de notre savant et distingué évêque, Mgr Bouquet (1), ainsi qu'aide

____

(1) Mgr Bouquet a été nommé évêque de Mende le 5 avril 1901, préconisé dans le Consistoire du 18 avril, mis en possession par procureur le 21 juin, sacré à Mende et intronisé le 29 juin 1901.

et lumière auprès de M. le chanoine Solanet, directeur de la *Semaine Religieuse* du diocèse, de M. le chanoine Laurans, vicaire général honoraire, curé-doyen de St-Chély, de M. le chanoine Paul Nègre, professeur de Morale au Grand-Séminaire de Mende, de la Révérende Mère Supérieure des Ursulines d'Ispagnac, d'autres encore qui, avec une extrême obligeance, nous ont donné les renseignements multiples nécessaires pour la connaissance précise des faits.

Comme au temps de l'invasion des protestants, l'église de Notre-Dame de Quézac compte actuellement six autels : le maître-autel au chœur et cinq autels dans les chapelles latérales. Les autels des deux chapelles placées du côté du cimetière sont dédiés au Sacré-Cœur et à S. Joseph ; les autels des chapelles situées du côté opposé sont sous les vocables de Notre-Dame des Sept Douleurs, de S. Privat et de S. Antoine de Padoue. (1)

Des modifications heureuses à l'horaire et à l'ordre de la procession, autorisées par Mgr Bouquet (2) favorisent cette belle manifestation de piété envers Notre-Dame de Quézac. Désormais, les vêpres qui précèdent la procession votive commencent à 2 heures, au lieu de 1 heure, laissant, pour la commodité de tous, un plus long intervalle de temps après la Grand-Messe. De même, les pèlerins doivent se grouper, à la procession, par corps de paroisse, sous la direction de leurs prêtres, derrière les plis de leur propre bannière.

----

(1) Ce dernier est l'ancien maître-autel déplacé en 1899.
(2) En 1902.

Conformément aux termes du vœu de 1721, la fête se célèbre le dimanche qui suit la Nativité de la Très Sainte Vierge. Elle est toujours précédée des exercices d'une retraite préparatoire. La procession offre un spectacle incomparable. La Statue vénérée, couverte de son plus riche manteau et de son plus beau diadème, s'avance triomphalement portée par des prêtres ou des lévites, dans le sentier authentiquement tracé, en 1721, par les habitants et le Chapitre de Quézac. Un nombreux clergé et de très longues files de pèlerins font retentir de leurs chants et de leurs prières les échos de la riante vallée.

Les paroisses, à huit lieues à la ronde, y sont représentées : Fraissinet-de-Fourques, Vebron, Barre, Saint-Laurent-de-Trèves, Saint-Julien-d'Arpaon, Florac, Fraissinet-de-Lozère, les Bondons, Cocurès, Bédouès, Mende, Lanuéjols, Saint-Etienne-du-Valdonnez, Brenoux, Saint-Bauzile, Bàlsièges, Sainte-Enimie, Champerboux, Prades, Blajoux, Montbrun, Hures, le Mas-Saint-Chély, Rouveret, Cros-Garnon, Ispagnac, Quézac. Ce jour-là on se rend visiblement compte du puissant empire que Notre-Dame de Quézac exerce dans la contrée.

La statue de la Madone est une statue de Vierge-Mère. Elle est composée de deux pièces s'emboîtant l'une dans l'autre : la plus haute, forme la tête et les épaules de la Vierge, la seconde en constitue le tronc. La statue de l'Enfant Jésus est faite d'une troisième pièce. Le bois, de noyer, est ancien, encore bien conservé, sauf la partie superficielle du tronc qui semble correspondre à l'aubier de l'arbre sur lequel il a été travaillé. Les visages de la Vierge

Mère et de l'Enfant Jésus sont assez finement sculptés et recouverts d'un vernis blanchâtre, bruni par le temps. Illuminés du sourire de la plus accueillante bonté, ils invitent les pèlerins à la confiance.

Cette foi justifiée par les bienfaits signalés dont Notre-Dame de Quézac s'est montrée prodigue dans les siècle passés, reste, de nos jours, profondément vive. Beaucoup de mères chrétiennes ont la pieuse habitude de réclamer l'assistance de la Vierge de Quézac, de lui consacrer leurs enfants même avant leur naissance, en faisant célébrer une messe à cette intention ; elles y ajoutent une seconde messe en esprit de reconnaissance. Cette confiance porte sur des grâces de toute nature, spirituelles et marielles.

Lorsque les récoltes vont être compromises, les habitants ne doutent pas de trouver auprès d'elle un recours assuré. Ils ont reçu eux-mêmes, ou leurs pères leur ont transmis, des marques sensibles de cette spéciale protection. Citons-en des exemples, consignés dans son opuscule (1), par l'abbé Buisson.

« En 1786, la récolte fut menacée dans toute la contrée, par une sécheresse extraordinaire. Depuis plusieurs mois, le sol avait été à peine humecté, de loin en loin, par quelques gouttes de pluie ou de rosée. Les ardeurs d'un soleil brûlant allaient dévorer les dernières espérances du cultivateur, si une pluie abondante n'arrivait à temps pour raviver les plantes flétries et desséchées. Encore cette fois, tous les yeux se lèvent vers l'aimable protectrice. Une

---

(1) *Notre-Dame de Quézac.*

procession solennelle s'organise en son honneur (jusqu'à l'église d'Ispagnac). Deux prêtres en dalmatiques portent son auguste image. Le soleil brille de toutes ses splendeurs, pas un seul nuage pour tempérer l'ardeur de ses feux. La procession se met en marche. Dans son parcours, ses rangs se grossissent d'une multitude de personnes accourues des paroisses voisines. Et voilà que comme elle arrive sur le pont du Tarn, on aperçoit un léger nuage qui commence à se former au-dessus de Molines. A mesure qu'on avance vers le terme de la procession, il grandit et s'étend de plus en plus. On entre dans l'église d'Ispagnac, et lorsque quelques instants après, on reprend le chemin de Quézac, déjà le précieux nuage a couvert et enveloppé tout l'horizon. Une pluie douce et abondante qui s'échappe de son sein, a bientôt tout ranimé dans la vallée et réjoui tous les cœurs. Heureux de se voir contraint de hâter le pas, on se précipite vers le sanctuaire de Marie, et bientôt les voûtes retentissent du cantique d'action de grâces. Jamais, de mémoire d'homme, on n'avait vu une année plus abondante. Ce fait nous a été raconté, avec ses circonstances, par des vieillards, qui en avaient été les témoins oculaires. »

« En 1834, ajoute l'abbé Buisson, dans un semblable besoin, la même faveur fut obtenue par le même moyen, en présence de la paroisse réunie, qui en a conservé un souvenir reconnaissant, et qui aime à en rapporter la gloire à sa Céleste Bienfaitrice » (1).

____

(1) L'abbé Buisson assistait lui-même à cette procession.

CHAPITRE XIX

Le domaine de Notre-Dame de Quézac : Gorges du Tarn. — Eaux minérales

Les portes des Gorges du Tarn. — Quézac. — Ispagnac.
— Molines. — Le château de Rocheblave. — Le Chambonnet. — Le Buisson. — Montbrun. — Le château de
Charbonnières. — Blajoux. — La Chadenède. — Castelbouc. — Prades. — Sainte-Enimie. — Saint-Chély-
du-Tarn. — Pougnadoire. — Le château de la Caze.
— Hauterive. — La Malène. — Les Détroits. — Le
cirque des Baumes. — Le Pas de Souci. — Les Vignes.
— Le Rozier.
Les eaux minérales de Quézac. — Travaux de captation
par le docteur Comandré et son fils. — Composition
de ces eaux, leur nature, leurs propriétés curatives.

Après avoir fait l'histoire de la dévotion et du
sanctuaire de Notre-Dame de Quézac, après avoir
dit les prodiges de bonté maternelle qu'elle a fait
éclater, le long des âges, dans sa demeure de prédilection, nous avons pensé que nous devions jeter,
comme un complément qui s'impose, un rapide
coup d'œil sur le sol étrange, le val grandiose
et légendaire où rayonne plus directement son
influence.

Aux portes des Gorges du Tarn, dont la Vierge
de Quézac garde l'entrée, le Causse Méjean et le
Causse de Sauveterre détachent en avant, chacun
de son côté, deux contreforts rébarbatifs, qui,
debout, rigides, pied contre pied, défendent l'entrée
du défilé. Dans l'entre-baillement, le Tarn s'insinue,
fluet, ramassé, avec un murmure de protestation

contre l'étroitesse du terrain qu'on lui mesure. Sur
la rive droite, une voie carrossable ; sur la rive
gauche, un étroit sentier longeant la rivière.

Avant de s'engager dans les Gorges, le voyageur
a vu, occupant le centre d'un cirque grandiose, la
cité d'Ispagnac et son église du douzième siècle où
l'on remarque quelques jolis chapiteaux. Il arrive
à Molines où jaillit, au fond d'un ravin rocailleux,
la belle source du Vigos. — Voilà, dans l'encadre-
ment des deux montagnes gigantesques qui portent
des deux côtés leur sommet jusqu'au Causse, dans
l'entre-deux, à droite, gardant le passage, le castel
archaïque de Rocheblave. Ici, la route et le castel
tiennent toute la place. Bientôt l'horizon s'élargit et
l'on voit, à droite, dans leur nid de verdure, le
Chambonnet et le Buisson.

Là-bas, sur la rive gauche, la fontaine de Pela-
tan, jaillit bouillonnante du creux d'un rocher et,
après quelques bonds, s'effondre dans le Tarn en
avalanche floconneuse. Plus loin, à mi-pente, le
village de Montbrun s'accroche aux aspérités du sol
et défend de son mieux son équilibre contre les déclivités de la montagne.

Voici, au bord de l'eau, sur un récif émergeant
de la rive, l'antique manoir de Charbonnières. Il
connut autrefois la gloire : entre deux belliqueuses
chevauchées, les nobles seigneurs qui l'habitaient
venaient s'y reposer de leurs fatigues, à l'ombre des
poëtiques oseraies. Aujourd'hui, diminué de ses
tours et des deux tiers de ses constructions, le vieux
castel n'est pourtant pas une ruine déserte. Il abrite
une très honorable d'agriculteurs et se dédommage
des beaux jours évanouis par le charme recueilli

de ses abords et la pose impressionnante de sa silhouette héraldique.

A quelque distance de là, on traverse le village de Blajoux, dont les maisons capricieuses s'éparpillent au large sur le cône de déjections écroulé des montagnes. En quittant Blajoux, on a en vue, sur la rive gauche, le joli village de la Chadenède. Maintenant saluez Castelbouc, sorte de monument composite à quatre étages, chacun de son style. Sur la rivière, et lui servant de quai, un banc rocheux ; sur cette plate-forme, alignées, à la file indienne, les maisons du village ; au-dessus du village, un rocher massif, corpulent, qui pousse vers le ciel son faîte aérien ; sur le roc gigantesque, un donjon aux pierres branlantes. On dirait que tout cela, y compris le rocher, s'écroule : illusion et jeu de la nature qui fait de la stabilité avec du mouvement. Ce tableau vivant et dramatique s'impose à l'admiration des pèlerins et des touristes, et le peintre y trouve une source inépuisable d'inspirations.

Après Castelbouc que nous avons en face, sur la rive gauche, la route traverse le village de Prades, fier de son beau vignoble et de son château dont quelques pièces sont encore habitées. L'église de Prades possède une croix processionnelle, en lames d'argent, ornée d'émaux. Cette croix est du XIIe siècle et, en tout, pareille à celle que l'on voit au trésor de Notre-Dame de Paris et qui servit au sacre de S. Louis. Le château de Prades a un fait glorieux à son acquit. Au 16e siècle, sous la direction de l'intrépide prieur des religieux bénédictins de Ste-Enimie, les habitants s'y retranchèrent et obligèrent les hordes du capitaine Merle à reculer. Encore un service que les monastères rendaient, au besoin, aux populations au milieu desquelles ils étaient.

Nous voici à Sainte-Enimie, l'un des plus beaux fiefs de Notre-Dame de Quézac. Les Jacobins de 93, qui avaient une imagination d'épicier, dépossédèrent l'humble cité de sa gracieuse appellation et la baptisèrent Puits-Roc. Du roc, il y en a certainement, tout le monde s'en doutait un peu et les anabaptistes n'ont rien inventé ; du puits, peut-être un peu. Je préfère y voir les réalités de l'histoire qui, dès le VIIᵉ siècle, constate ici la présence de la Vierge royale et fait, de ce pittoresque coin de vallée, le champ d'action de ses héroïques vertus. Tout d'ailleurs ici parle d'elle : Burle, la source aux eaux glacées, dont le riverain redoute le contact et qui fut pour elle, à trois reprises, l'onde salutaire qui guérit et purifie ; là-haut, à tiers de pente, le creux du rocher qui servit de demeure et de lit de repos à la pénitente ; au haut de la ville, recouvert par des constructions modernes, l'emplacement du premier monastère de femmes, fondé par la fille des rois. Des fouilles nécessitées par les reconstructions ont mis à jour l'abside de l'église primitive construite par elle et, à l'entrée du chœur, du côté gauche, son tombeau, avec cette inscription : *In hàc aulà requiescit corpus Beatæ Enimiæ.*

Nous avons quelque soupçon que la vierge Enimie aura été une des premières clientes de Notre-Dame de Quézac. Comment cela ? Le voici. Les vieux titres disent que le roi Clotaire, son père, et Dagobert, son frère (1), enrichirent son

---

(1) Légende du Bréviaire du diocèse.

établissement de concessions de territoire vraiment royales. S'il ne s'agit que des pentes dénudées du vieux Burlatis, le qualificatif est de trop. Il faut voir nécessairement dans la donation des rois de France, l'attribution, à cette fin, des pays circonvoisins, embrassant d'un côté les Causses jusqu'à la vallée du Lot, et d'un autre côté, ce qu'on appelle aujourd'hui la Tarnesque, c'est-à-dire les deux rives du Tarn jusqu'à Ispagnac. Avec cette donnée, on explique le monastère de la Canourgue et l'atelier monétaire de Banassac, dont la frappe fut si active au VIIe et VIIIe siècle, que des médailles de cette époque, qu'on trouve dans les collections, les neuf dixièmes portent sa marque.

Si ce n'est pas là de l'histoire, on peut au moins en dégager une insinuation historique qui s'harmonise avec la découverte, au XIe siècle, de la statue de Notre-Dame de Quézac, indice que le culte de la Vierge et la foi chrétienne ont existé, dans ce pays, en des temps plus reculés. L'action de l'évêque Ilère, prélat consécrateur d'Enimie et de la sainte solitaire ont certainement rayonné jusque-là. Les transparences de la légende historique, nous les montrent évangélisant le territoire de Saint-Préjet-du-Tarn. Si les messagers de la bonne parole ont affronté les sombres horreurs des Gorges, à plus de trente kilomètres de leur centre d'action, peut-on croire qu'ils ont négligé de porter la bonne nouvelle, à treize kilomètres à peine du nouveau monastère, dans le riche et certainement populeux vallon d'Ispagnac et de Quézac ? Cette supposition ne saurait être admise. L'instauratrice du culte religieux dans la région, fit élever en ce lieu un modeste sanctuaire, en rapport avec les besoins de la population. A défaut de preuves historiques, nous avons cette statue, providentiellement déterrée dans son champ par un laboureur. Que nous dit la Statue miraculeuse? Qu'une main d'homme, certainement une main pieuse, en un jour de sombre détresse, l'a déposée là: Ce qui suppose qu'en des jours plus heureux elle a eu un culte qui a pu être prospère pendant longtemps, et qu'en un jour de sinistre mémoire, une de ces convulsions sociales comme on en rencontre dans ces temps obscurs, village, sanctuaire, statue ont sombré dans une radicale catastrophe. Des Barbares d'Outre-Rhin ou les bandes exterminatrices des disciples du Coran, refoulées par Charles Martel dans les Cévennes, et traquées dans leurs repaires vers la fin du VIIIe siècle, pendant les courtes années qu'a duré leur occupation, ont fait ces ruines.

Il est regrettable, qu'à défaut de documents positifs, nous n'ayons que des suppositions, mais elles s'harmonisent si bien avec les traditions et ce que nous savons du passé, qu'elles ne sont pas sans jeter quelque lumière sur la question qui nous intéresse.

L'Ermitage de Sainte-Enimie, où reposent aujourd'hui les reliques de la sainte, est à tiers de côte de la montagne. De ce point, on a sur la vallée une vue de premier ordre. Au premier plan, un dénivellement vertigineux, le Tarn et le vieux pont. A droite, comme repoussoir, le massif dominateur de Serre-Gros et, dans le fond, les déclivités chaotiques qui dominent Prades et Castelbouc.

Poursuivons notre route. A six kilomètres de Sainte-Enimie, on a, en perspective, le village de Saint-Chély. Un tableau plein de vie ! Une source aux eaux claires et glaciales traverse le village ; sur la place, un vieux Sully, ébranché par les ans et les orages ; la vieille église du XIe siècle ; de ci de là, dans le village, trois ou quatre maisons archaïques, fiefs d'anciennes familles seigneuriales ; sous le rocher, une gracieuse chapelle du XIIe ou XIIIe siècle, Notre-Dame de Cénaret ; le tout resserré sur un emplacement d'un centiare de superficie, circonscrit par la double falaise qui borde les deux rives du Tarn, aujourd'hui reliées par un magnifique pont qui va droit du village au flanc de la roche d'en face, l'entame résolument dans sa massive épaisseur et s'y creuse un point d'accès.

A Saint-Chély et plus bas à Pougnadoire, jusqu'à la Caze, le paysage prend du mouvement, du jet, de la variété et prélude aux merveilles que la nature a accumulées avec une profusion sans exemple au cœur des vraies Gorges du Tarn où nous n'allons pas tarder à entrer.

Le château de la Caze est de beaucoup le mieux conservé de tous ceux que l'on rencontre sur la rive du Tarn. Les touristes peuvent y voir une belle cheminée, style Henri III, et un escalier qui est un tour de force d'équilibre. Le château est de la fin du XVe siècle. Il fut bâti par un Monclar qui avait épousé une Soubeyrane Alamand. Il passa ensuite à la famille de Mostuéjols qui se signala contre les protestants pendant les guerres de religion.

Sur la gauche, barrant le Tarn qu'il fait refluer

par la digue de son moulin, s'étale le village de
Hauterive. Il est dominé par les ruines du vieux
castel de ce nom qui était une dépendance de la
baronnie de Florac, marquant les frontières territoriales des seigneurs de Florac et de Sévérac.

A la Malène, on salue, au passage, la gracieuse
image de Notre-Dame de Lourdes qui se dresse,
dominant la vallée, sur un piton rocheux de la rive
gauche. L'église du village, qui remonte certainement au temps où les Bénédictins du Rozier
semaient les Gorges du Tarn de maisons de prière,
est remarquable par ses pilastres massifs et le dôme
qui la surmonte. On y voit, dans la première chapelle, du côté de l'Evangile, un monument érigé à
la mémoire des martys de la Malène, morts pour
leur foi, en 1793.

A quatre kilomètres de la Malène, on entre dans
la grandiose avenue qui ouvre l'accès du célèbre
cirque des Baumes, les Détroits. Ici les grandes
falaises qui, le long du parcours, s'alignaient dans
les pentes ou sur les sommets, avec de fréquentes
intermittences, s'accumulent en masses énormes et
continues et viennent poser, à quelques 40 mètres
de distance, les pieds dans la rivière, face l'une à
l'autre. On ne peut s'engager dans le défilé qu'en
bateau. On est captivé, en passant, par la variété
des décorations, l'originalité saisissante des lignes,
la hardiesse des projections, l'harmonie de l'ensemble où la nature semble s'être attachée à faire de
l'ordre avec du désordre.

Au sortir des Détroits, après avoir franchi les
passes impressionnantes de l'Escaliou et du Dou-
gaou, on entre au cœur du fameux cirque des

Baumes, la merveille des merveilles. Elle a toutes les attributions du beau : l'immensité des proportions, la richesse surabondante des détails, l'imprévu, l'inédit, le vrai dans l'horrible, la majesté fascinatrice.

Admirez ici la puissance des moyens de l'ingénieuse nature, elle procède volontiers par contraste. Au sortir de ce monde fantastique, dont le caractère est une sorte de sauvagerie disciplinée, voici le désordre et le désarroi sans mélange, les roches erratiques et les entassements titanesques du Pas-de-Souci, dominé par la silhouette de Roc-Aiguille, qui jaillit de cet écroulement et porte son sommet à 100 mètres de hauteur.

Au-delà, c'est le cirque plus frais et plus reposé des Vignes. Ce village traversé aujourd'hui par la route nationale, est le centre le plus aisé pour les touristes qui veulent visiter en détail toute la région des Gorges. L'église paroissiale de St-Préjet est du onzième siècle. On y peut prendre sur le fait cette particularité architecturale qu'on observe quelquefois dans ces temps reculés. L'abside est plus développée du côté gauche que du côté droit. Les artistes de cette époque de foi réaliste traduisaient ainsi l'inclinaison de la tête du Christ sur le côté gauche. Si on veut se rendre compte de cette particularité, il faut regarder du dehors par la fenêtre centrale de l'abside et l'on verra que l'axe du monument le partage en deux parties inégales dont la plus développée est du côté gauche. L'église est construite sur un cimetière primitif de l'époque mérovingienne. Les cadavres y sont emmurés dans un quadrilatère de dalles ; on y a souvent trouvé des vases funéraires dont le grain grossier porte les caractères de la poterie de l'époque.

Les décorations des pentes, sans cesser d'être grandioses, deviennent plus discrètes, plus tempérées, sur un parcours de 11 kilomètres, et on arrive au Rozier, gracieux village qui repose aux pieds du haut massif de Capluc et qui, demain, aura en perspective, là-bas, loin, dans les escarpements du montueux Aveyron, la statue colossale de Notre-Dame de Fontaneilles. Le Rozier a été l'antique siège d'une abbaye Bénédictine dépendant d'Aniane qui devint le centre d'une action intense religieuse dans la région.

Mais revenons au point de départ de cette excursion, à travers les Gorges du Tarn. Quézac possède, non loin du pont jeté sur la rivière, des eaux minérales qui ont été, vers 1860, l'objet d'une sérieuse étude de la part de M. Comandré, docteur-médecin à Alais.

« Les eaux minérales de Quézac, écrit-t-il, sourdent au fond de la vallée, complètement dans le lit de la rivière du Tarn. Elles se font jour à travers les fissures d'un calcaire jurassique dont les couches plongent à l'ouest, formant, avec le plan de

---

(1) M. Comandré remit, par l'usage des eaux de Quézac, sa santé profondément délabrée par une atteinte de choléra. Il fut ainsi amené à étudier les effets thérapeutiques de ces eaux et à en faire déterminer la composition à l'analyse. Il adressa, sur tout cela, une notice à la Faculté de Médecine de Montpellier dont les conclusions furent adoptées, à l'unanimité, par les professeurs de la Faculté. La notice de M. Comandré a été publiée par le Bulletin de la Société d'agriculture (1860).

l'horizon, un angle d'environ 3 ou 4 degrés. Elles s'échappent en bouillonnant et en dégageant une quantité considérable d'acide carbonique. Elles ont une saveur aigrelette, piquante et des plus agréables. On les boit avec plaisir comme eaux de table et beaucoup les préfèrent à celles de St-Galmier et de Condillac.

« Il n'est pas douteux que les sources de Quézac n'aient été fréquentées par les anciens. Des charpentes taillées, découvertes l'été dernier (en 1859) dans les fouilles que nous avons faites, en sont une preuve certaine. » (1)

Ces dernières années, une inondation avait démoli l'enceinte qui protégeait les eaux minérales contre l'envahissement des eaux du Tarn. Le fils du docteur Comandré, capitaine de génie, a pu, après un épuisement laborieux des eaux mélangées, rétablir la protection de la source par une construction cimentée. Cela fait, il a adressé, à la commission permanente des Eaux minérales, une demande en autorisation d'exploitation qui lui a été accordée et qu'accompagnait une analyse toute récente de ces eaux faite à l'Ecole des Mines d'Alais.

---

(1) Il faudrait, ajoute le docteur Comandré, vous porter par la pensée à 600 mètres au-dessus du niveau de la mer, dans un joli vallon de montagnes, traversé par une rivière aux eaux pures et limpides, entouré de toutes parts d'une végétation toujours fraîche et variée. C'est là que sont les sources de Quézac, entre trois villages, dont deux chefs-lieux de commune, qui ne sont éloignés que de quelques cent mètres, et dont la population entière est d'environ 1.500 habitants. » (*Bulletin de la Société d'Agriculture de la Lozère*, 1860).

Voici le résultat de cette analyse, pour un litre d'eau :

Acide carbonique libre 3/4 du volume d'eau.	1ᵍ 420
Bicarbonate de soude	0 488
— de potasse......................	0 090
— de chaux.........	0 893
— de magnésie.....................	0 541
— de protoxyde de fer.............	0 020
Sulfate de soude.............................	0 201
Chlorure de sodium......................... .	0 061
Silice...	0 008
Extrait sec à 180°...........................	1 700

Débit 1.000 litres. Température 13°5. Cette eau ne trouble pas le vin. Le contrôle analytique du laboratoire de l'Académie donne des résultats concordants, sauf pour le chlorure de sodium (0,0487 moyenne de deux prélèvements saisonniers).

Les eaux minérales de Quézac sont, d'après cette analyse, des eaux minérales gazeuses, bicarbonatées. Par leurs propriétés thérapeutiques, elles se rapprochent des eaux de Vichy et de Vals. Elles exercent, comme toutes les eaux alcalines gazeuses, une salutaire influence sur la digestion. Elles conviennent spécialement aux maladies du tube digestif et de ses annexes (gastrites, dyspepsies, etc.), aux affections utérines, aux maladies de la vessie, aux engorgements du foie et de la rate. Par le fer qu'elles contiennent, elles combattent l'anémie. Leur action est bien secondée par la beauté du site, son climat tempéré, la vie calme de ses paisibles habitants, toutes choses qui en font une délicieuse station.

CHAPITRE XX

Indulgences du sanctuaire de Quézac. — Bref de couronnement de Notre-Dame de Quézac

La valeur des indulgences. — Les indulgences attachées au sanctuaire de Quézac et conditions requises pour les gagner. — Brefs accordant ces indulgences. — Motifs pour lesquels l'abbé Buisson demandait le couronnement pontifical de Notre-Dame de Quézac. — Voyage de Mgr Foulquier à Rome, il obtient cette faveur pour la Madone du Tarn. — Bref autorisant le couronnement. — Il n'a pas lieu, pourquoi ? — L'Œuvre sainte. — Notre-Dame de Quézac et la conversion des protestants des Cévennes.

Parmi les obligations que l'homme a envers Dieu est celle de la réparation. Par fragilité, par entraînement ou même par malice, par attache pleine au mal, l'homme viole les commandements, il commet le péché. Coupable, il doit satisfaire à Dieu. Or, par un privilège dû à la Miséricorde de Dieu, le chrétien jouit de cet inestimable avantage de pouvoir offrir à la Justice divine les satisfactions infinies de Jésus-Christ, celles de sa Mère Immaculée ou des Saints. Cette substitution, agréée de Dieu, se fait dans l'application des indulgences. Celles-ci, malgré les basses calomnies dont elles ont été l'objet, sont restées, aux yeux des vrais disciples de Jésus-Christ, un trésor de grand prix dans lequel ils aiment à puiser. Aussi, l'Eglise catholique a-t-elle toujours regardé les indulgences comme un moyen propre à favoriser les pèlerinages aux lieux de dévotion.

Lorsqu'en 1856, Mgr Foulquier voulut seconder les projets de l'abbé Buisson pour le renouvellement de la dévotion à Notre-Dame de Quézac, il s'inspira de cette tradition constante dans l'Eglise et s'empressa de demander tout d'abord des indulgences pour le sanctuaire. Un Bref, en date du 19 février, accorda :

Une indulgence plénière pour chacune des fêtes suivantes :

l'Immaculée-Conception, — la Purification,
l'Annonciation, — la Visitation,
l'Assomption, — la Nativité de la Sainte Vierge,
la Présentation au Temple.

Une indulgence de 200 jours que l'on peut gagner, tous les jours, sans autres conditions que de visiter l'église et y prier aux intentions du Souverain Pontife.

Les conditions requises pour gagner les indulgences plénières sont les conditions ordinaires : 1º être en état de grâce ; 2º s'être confessé le jour ou la veille, à moins qu'on ne se confesse tous les quinze jours ; 3º communier le jour même ; 4º réciter cinq Pater et cinq Ave ou toute autre prière pour l'exaltation de notre Mère la sainte Eglise, l'extirpation des hérésies, la paix et la concorde entre les princes chrétiens.

Voici la teneur du Bref du 19 février :

PIUS PP. IX

Ad perpetuam rei memoriam. — Ad augendam fidelium religionem et animarum salutem, cœlestibus Ecclesiæ thesauris, pia charitate intenti, omnibus et singulis utriusque sexûs Christi fidelibus vere pœnitentibus et confessis, ac S. Communione refectis, qui parochialem et collegialem Ecclesiam cui vulgo nomen « Notre-Dame de Quézac » mimatensis diœcesis, atque in eâ situm altare Deo sacrum in honorem Deiparæ Virginis Immaculatæ, septem potioribus ejusdem B. M. V. I. festivitatibus (1), a primis vesperis usque ad occasum solis dierum hujusmodi, singulis annis, devote visitaverint et ibi pro christianorum principum concordiâ, hæresum extirpatione, ac S. Matris Ecclesiæ exaltatione, pias ad Deum preces effuderint; quo præfatorum festo id egerint, plenariam omnium peccatorum suorum indulgentiam et remissionem misericorditer concedimus. Qui vero ecclesiam et altare quod suprà memoravimus, quolibet anni die, corde saltem contrito visitaverint, ac, ut suprà, ibi oraverint, bis centum dies de injunctis eis seu alias quomodolibet debitis pœnitentiis, in forma ecclesiæ consueta, eisdem relaxamus, in contrarium facientibus non obstantibus quibuscumque, præsentibus perpetuis futuris temporibus valituris.

Datum Romæ, apud S. Petrum, sub annulo Piscatoris, die XIX Februarii MDCCCLVI, Pontificatus nostri anno decimo.

Pro Domino Cardinali Macchi :

Jo. BRANCAVORO, *Cancellarius.*

Vidimus et recognovimus ac in nostrâ diœcesi evulgari permisimus ac permittimus.

Mimati, die 1ᵃ martii 1856.

† JEAN A. MARIA,
Episc. Mimatensis.

---

(1) Les sept principales fêtes de la Sainte Vierge sont mentionnées plus haut.

— 184 —

Nous avons déjà dit que le zèle de l'abbé Buisson
ne jugea pas suffisant pour son sanctuaire ce premier trésor d'indulgences. Une nouvelle supplique,
rédigée par Mgr Foulquier lui-même, au nom et
avec la signature du curé, fut envoyée à Rome.
Les archives de la cure de Quézac en ont conservé
le modèle. Nous le reproduisons.

BEATISSIME PATER,

Ad pedes S. V. humiliter provolutus, parochus loci cui
vulgo nomen *Notre-Dame de Quézac*, in diœcesi Mimatensi (in Gallia), supplex efflagitat ut septem indulgentias
plenarias, nuper benigne concessas, quibusdam aliis fere
necessariis cumulare dignetur ipsa illa paterna benigni-
tas, in gratiam Ecclesiæ suæ parœchialis :

Hæc nempe, Deo sub vocabulo B. M. Virginis dicata,
sola olim fuit quæ, ut centrum quoddam pietatis erga sanc-
tissimam illam Dei matrem, a fidelibus undique, vel a
longinquo concurrentibus, in diœcesi Mimatensi frequen-
taretur : cujus quidem frequentiæ, quæ injuria temporum
desuevit, ingens apud nos, ac præsertim in corde Epis-
copi nostri, subortum est et crevit desiderium, utpote quæ
ad Dei gloriam, ad laudem Beatæ Virginis ac ad animarum salutem multum conferret. Ut autem pietas illa ma-
jorum reviviscere apud nos valeat et reflorescere, ne-
cesse videtur gratiis spiritualibus, et quidem ditissimis,
fideles ad celeberrimum quondam illud sanctuarium, al-
lici et reduci, et quidem illis diebus in quibus alibi eis
non ultro offerantur indulgentiæ plenariæ : non enim eas
in distante parochia requirent quas apud se habebunt in
manibus. Illæ vero quas Sanctitas vestra jam concedere
dignata est, cum addictæ sint septem præcipuis S. Mariæ festivitatibus, in quibus gaudent eisdem non paucæ
piæ Confraternitates, ad finem nostrum obtinendum satis
esse non videntur, satiusque erit admodum alias quas-

dam iis annecti, diebus in quibus nullas alibi passim lucrari possunt pii fideles;

Supplex oro igitur ut indulgentiam plenariam Sanctitas Vestra concedere dignetur cuique fideli, pro uno ex quindecim sabbatis totidem Sacratissimi Rosarii mysteriis respondentibus;

Unam etiam cuique pro libitu lucrandam, unâ ex diebus intra Octavam Nativitatis B. M. Virginis;

Unam tandem cuique, unâ ex diebus intra Octavam Assumptionis ejusdem.

Quæ quidem gratiæ, ut erunt pietatis incitamentum, sic benedictum illud sanctuarium, ac proinde Sanctissimæ Dei Genitricis cultum, in his-ce regionibus extollent ac promovebunt; sicque in eis reflorescet antiqua illa devotio, quæ, cum Calviniana hœresis olim totam circa regionem evaderet, parœciam meam ac, cum illâ, septentrionalem diœcesis partem, fidelem servavit et incolumem.

— Enixe flagitat etiam prædictus parochus pro seipso facultatem benedicendi, cum indulgentiis, crucibus, rosariis et numismatibus, in gratiam fidelium piam peregrinationem exsequentium, ut ipsa eis carior fiat.

Sanctitatis Vestræ,

Beatissime Pater,

humilllimus et devotissimus servus et filius,

J.-B.-X. BUISSON.

Cette supplique fut agréée. Un second Bref (1), du 5 septembre 1856, accorda trois nouvelles indulgences plénières pour les jours suivants:

le troisième dimanche du mois de juillet,

un des jours de l'Octave de l'Assomption,

un des jours de l'Octave de la Nativité de la Sainte Vierge.

---

(1) Les deux Brefs sont aux archives de l'Evêché.

Ces indulgences sont gagnées aux mêmes conditions que les indulgences plénières précédentes. Elles sont applicables aux âmes du purgatoire. Voici la teneur de ce nouveau Bref.

PIUS PP. IX

Ad perpetuam rei memoriam. — Ad augendam fidelium religionem animarumque salutem, cœlestibus ecclesiæ thesauris. pia charitate intenti, omnibus et singulis utriusque sexus Christi fidelibus vere pœnitentibus et confessis, ac sacra communione refectis qui parochialem Ecclesiam vulgo « Notre-Dame de Quézac » nuncupatam, Mimatensis diœcesis, Nativitatis et Assumptionis Immaculatæ Virginis Deiparæ festivitatibus, septemque diebus continuis immediate respective subsequentibus, nec non uno alio anni die per Ordinarium designando, devote quotannis visitaverint, ibique pro Christianorum Principum concordià, hæresum extirpatione, ac S. Matris Ecclesiæ exaltatione, pias ad Deum preces effuderint, plenariam illis octiduis semel tantum respective ad uniuscujusque libitum eligendum, eo autem die a primis vesperis usque ad occasum solis, singulis annis lucrifaciendam, omnium peccatorum suorum indulgentiam et remissionem, quam etiam animabus Christi fidelium, quæ Deo in charitate conjunctæ ab hac huc migraverint, per modum suffragii applicare possint, misericorditer in Domino concedimus, in contrarium facientibus non obstantibus quibuscumque, præsentibus perpetuis futuris temporibus valituris.

Datum Romæ, apud Sanctam Mariam Majorem, sub annulo Piscatoris, die V septembris MDCCCLVI, Pontificatus nostri anno undecimo.

Pro Dno Card. Macchi.

Votis et præscripto Sanctissimi Patris nostri, Pii IX, Summi Pontificis, annuens Episcopus Mimatensis, diem

quâ, præter assignatas a sua Sanctitate, indulgentiam plenariam lucrari possint fideles, eligit ac determinat « tertiam nempe Dominicam Julii » ac simul præsens Breve
in sua diœcesi executioni mandari permisit ac permitfit,
jam visum a se et recognitum.

Datum Mimati, die 18ª septembris 1856.

† Jean. A. Maria,
Episc. mimatensis.

L'ambition suprème de l'abbé Buisson avait été
d'obtenir le couronnement de l'antique Madone de
Quézac, par un délégué du Souverain Pontife. Les
marques d'intérèt que des Papes avaient manifesté
à ce lieu de pèlerinage, par la fondation d'une
Collégiale et diverses Bulles en faveur de l'église
de Quézac, permettaient de bien augurer du succès
d'une pareille démarche. Lorsqu'au mois de novembre 1855, le dévot serviteur de Notre-Dame s'ouvrit
de ce projet à Mgr Foulquier, il lui exposa ainsi les
motifs qui, à ses yeux, militaient pour l'obtention
de la faveur du couronnement. « Sans doute, écrit-il
le couronnement ne s'accorde pas sans de graves
raisons. Mais n'avons-nous pas assez de motifs
pour solliciter du Souverain Pontife cette précieuse
faveur? Les miracles de son invention et de son
double déplacement, l'antiquité de cette dévotion,
la célébrité de l'auguste Madone, les prodiges sans
nombre qu'elle a opérés dans tous les âges, le
besoin d'opposer des digues à l'indifférence religieuse, plus à craindre dans ces contrées en contact avec des populations hérétiques, la conversion
même des Cévennes protestantes », auxquelles, par
la grâce de Dieu, la cérémonie éclatante du couronnement pourrait donner un ébranlement salutaire.

« Tous ces motifs semblent de nature à engager le Souverain Pontife qui profite de toutes les occasions pour faire du bien à la France, à nous accorder cette grâce qu'il n'a pas refusée à d'autres Madones françaises. Ce qui me porte à espérer que notre céleste protectrice recevra, elle aussi, cette précieuse faveur que nous désirons pour elle et pour notre salut à tous, de toute l'étendue de notre âme. » (1)

Mgr Foulquier avait bien accueilli le projet du couronnement et avait promis « de mettre un jour tout en œuvre pour l'obtenir » (2). Ce jour ne devait pas être bien éloigné. Au mois d'avril 1858, Mgr Foulquier fit un voyage à Rome, dans le dessein de rendre visite au Chef de l'Eglise universelle, de l'entretenir de l'état de son diocèse et de plusieurs œuvres, parmi lesquelles le couronnement de Notre-Dame de Quézac. L'abbé Buisson avait tenu à l'y accompagner. Le voyage s'effectua sans incident jusqu'à Nice. Là, le Curé de Quézac dut s'arrêter et revenir en toute hâte à Nîmes.

Une lettre qu'il écrivit de cette ville, le 15 avril 1858, à ses compagnons de voyage nous explique la cause de cette séparation (3). « Mon retour de Nice à Marseille et à Nîmes a été pénible. L'enflure a augmenté considérablement, au point de m'interdire toute marche. Ici, je suis au sein de ma famille, et

---

(1) Rapport de l'abbé Buisson à Mgr Foulquier sur la dévotion à Notre-Dame de Quézac. (Archives de la cure de Quézac).

(2) Lettre de Mgr Foulquier à l'abbé Buisson, du 14 janvier 1856. *(Ibidem)*.

(3) Archives de la cure de Quézac.

parmi un certain nombre d'amis qui m'ont reçu de grand cœur et qui me donnent tous leurs soins. Avec cinq ou six jours de repos, j'espère pouvoir me rendre auprès de mes bien-aimés paroissiens.

Les démarches, Mgr Foulquier les fit seul. Les espoirs et les vœux du pieux Evêque et du zélé curé ne furent pas déçus. Les honneurs du couronnement solennel furent accordés à Notre-Dame de Quézac par un Bref du 18 mai 1858, dont voici une copie (1) :

PIUS PP. IX

Ad perpetuam rei memoriam. — Renunciatum est Nobis, in parochiali ecclesia sub invocatione Nostræ Dominæ de Quézac, uti vocant, Mimatensis diœcesis, Immaculatæ Virginis Deiparæ simulacrum exstare quod Christi fideles veteri religione prosequuntur. Jamvero ut hæc eadem religio in eorum animis jugiter foveatur et sancta Dei Mater, augustiori cultu, fidelium pietate nobilitata, sic in terris præsentiori ope illos, apud Redemptorem nostrum Jesum Christum, sospitet fortunetque, in votis esse ut simulacrum quod memoravimus, ab Apostolica Nostra Auctoritate, diademate coronetur. Quamobrem supplices Nobis preces admotæ sunt, ut in præmissis opportune providere, ac ut infra indulgere, de Apostolica benignitate dignaremur. Nos ergo quibus nihil contingere potest auspicius quam ea, cum Domino, procurare quæ ad Dei Genitricis gloriam augendam et æternam fidelium salutem afferendam facere possunt, supplicationibus hujusmodi pro animo obsecundare voluimus. Quam ob rem de Omnipotentis Dei misericordia ac BB. Petri et Pauli Apostolorum ejus auctoritate confisi, Venerabili Fratri Joanni Antonio Mariæ hodierno Episcopo Mimatensi,

______

(1) Cette copie, prise aux Archives des Brefs de Rome, a a été versée aux Archives de la Cure de Quézac.

eas partes committimus, ut præfatum Deiparæ simulacrum, solemni ritu et Nostro Nomine, corona augeat:
præterea omnibus et singulis Christifidelibus vere pœni-
tantibus et confessis ac S. Communione refectis qui dictam parochialem ecclesiam et imaginem, die huic cære-
moniæ destinato, et anniversario quotannis, vel uno e
septem diebus continuis immediate respective subsequentibus, devote visitaverint et ibi pro Christianorum Principum concordia, hæresum extirpatione ac S. Matris
Ecclesiæ exaltatione, pias ad Deum preces effuderint,
quo die præfatorum id egerint Plenariam omnium peccatorum suorum indulgentiam et remissionem, quam etiam
animabus fidelium, quæ Deo in charitate conjunctæ ab
hac luce migraverint, per modum suffragii, applicare
possint, misericorditer in Domino concedimus, in contrarium facientibus non obstantibus quibuscumque, præsentibus perpetuis futuris temporibus valituris. Datum Romæ
apud S. Petrum, sub annulo Piscatoris, die XVIII Maii
MDCCCLVIII, Pontificatus nostri anno duodecimo.

Pro Dno Card. Macchi.

Io. B. Brancaleoni, Canc.

Par ce Bref, S. S. Pie IX, sur le rapport qu'on lui
a fait que la Statue de Notre-Dame de Quézac était
honorée d'un culte ancien, accorde à Mgr Jean-
Antoine-Marie Foulquier, évêque de Mende, la faculté de la couronner, au nom du Siège apostolique.
Une indulgence plénière pouvait être gagnée le jour
du couronnement et, chaque année, au jour anniversaire, ou l'un des sept jours suivants. Cette indulgence était applicable aux âmes du purgatoire.

Notre-Dame de Quézac obtenait, par ce Bref, la
première des Madones Lozériennes, les honneurs
du couronnement solennel. Ces honneurs elle ne
les reçut pas cependant. Le silence des Archives

de la Cure de Quézac qui nous ont si bien renseignés sur les démarches faites pour l'obtenir, le témoignage des habitants de Quézac unanimes à dire qu'il n'y a pas eu d'autre couronnement que celui du 21 septembre 1856 (1), l'absence de tout souvenir qu'une pareille fête ait eu lieu, chez des prêtres du diocèse encore vivants, ordonnés avant l'année 1858, enfin l'intention qu'avait l'abbé Valgalier, nommé vicaire à Quézac dès 1859 et successeur de l'abbé Buisson, de faire, comme il l'écrivait à l'un de ses anciens vicaires et à nous-mème, procéder à ce couronnement lorsque les restaurations au sanctuaire seraient terminées, ne laissent place à aucun doute sur ce point.

Qu'est-ce qui empécha la réalisation d'un projet poursuivi avec tant d'ardeur, au moment où il touchait à son exécution? Une lettre adressée par Mgr Foulquier à l'abbé Buisson le 15 novembre 1859 (2) le fait entrevoir. « Quand à la circulaire en vue de la quête, je ne sais vraiment si c'est faisable et je n'en vois guère la possibilité. Nous sommes en instance, vous le savez, pour notre Œuvre sainte; plusieurs paroisses sont encore en retard. Puis-je dans une telle situation et alors que les paroisses sont épuisées par les frais d'acquisition des livres romains, faire encore un nouvel appel? » Pour l'achat des couronnes d'or de l'Enfant Jésus et de sa divine Mère, et les autres dépenses qu'amènent une fête aussi solennelle, l'abbé Buisson avait demandé un concours diocésain qui, dans les circonstances du moment, n'avait pu lui être accordé.

____

(1) Ce couronnement fait par Mgr Foulquier n'avait été qu'un couronnement épiscopal.
(2) Archives de la Cure de Quézac.

L'Œuvre sainte dont il est fait mention dans la lettre citée, tenait alors une grande place parmi les sollicitudes pastorales de Mgr Foulquier. Il avait adressé, pour cet objet, une circulaire à ses diocésains et avait ouvert une souscription. Une première liste publiée par le *Journal de la Lozère* (1) atteignait le chiffre considérable de 14.716 francs. Monseigneur l'Evêque y est inscrit, en tête, pour la somme de 2.400 francs, le marquis de Fleury, préfet de la Lozère, et sa famille pour 2.000 francs. En quoi consistait l'Œuvre sainte? Les lignes suivantes consacrées par le journal l'*Univers*, au voyage de Mgr Foulquier, à Rome en 1858, nous le diront. (2)

« Monseigneur l'Evêque de Mende est arrivé à Rome pour vénérer le tombeau des Saints Apôtres et pour offrir son filial hommage de soumission, de respect et d'amour au successeur de saint Pierre. Au moment où nous écrivons, Sa Grandeur est auprès de Sa Sainteté et lui demande particulièrement ses bénédictions pour le rétablissement de la liturgie romaine dans son diocèse et pour l'érection de deux statues monumentales : une statue de la Vierge Immaculée, qui doit orner la façade de sa cathédrale, pour la restauration de laquelle le pieux évêque, sollicite la charité des fidèles, et la statue du pape français Urbain V, destinée à orner la place qui s'étendra devant cette cathédrale, lorsqu'elle sera dégagée des édifices parasites qui la masquent. Cette œuvre importante a pris le nom d'*Œuvre sainte* du diocèse de Mende. »

____

(1) 30 janvier 1858.
(2) *Journal de la Lozère*, 19 mai 1858.

Après avoir ainsi marqué le but du voyage de l'Evêque de Mende, l'*Univers* résuma, dans un second article, l'entrevue que le vénérable prélat eut avec le Saint-Père. Pie IX « a tout d'abord et particulièrement béni ce noble témoignage (érection de la statue du pape Urbain V) de vénération rendu par la France au Pontife qui eut le bonheur de ramener la Papauté à Rome et s'est montré disposé à faire un appel aux membres du Sacré-Collège. Il a donné ensuite son attention aux nombreuses affaires dont le prélat avait à l'entretenir. Mgr l'Evêque de Mende était sur le point de se retirer ne croyant pas que le Pape, distrait par d'autres pensées, eut conservé celle qui lui avait été présentée la première : mais Pie IX passa un moment dans la chambre voisine et en revint portant en toute simplicité son offrande, s'excusant de sa ténuité et disant gracieusement : « Ce sera un anneau de plus dans la chaîne qui nous unit (1) ».

Comme le couronnement de Notre-Dame de Quézac, l'Œuvre sainte ne s'accomplit pas aussitôt que l'eussent désiré ses dévoués promoteurs. Ce ne fut qu'en 1874, sous l'épiscopat de Mgr Saivet (2), successeur de Mgr Foulquier, que fut dressée la statue du Bienheureux Urbain V (3), sur la place, déjà depuis plusieurs années, créée par la démolition des maisons parasites qui l'encombraient. La restauration de la façade de la cathédrale ne fut commencée que durant l'épiscopat de Mgr Bapti-

---

(1) *Journal de la Lozère*, 5 juin 1858.
(2) Mgr Saivet fut évêque de Mende de 1873 à 1875.
(3) Urbain V a été déclaré Bienheureux le 10 mars 1870.

folier (1) vers 1898. Les travaux, assez avancés au moment de la mort du pieux prélat, ont continué sous son actif successeur, Mgr Bouquet, et ne sont pas, au moment où nous écrivons, encore terminés (2).

Le jour où une statue de la Vierge Immaculée ornera la façade restaurée de la cathédrale et où les honneurs obtenus du couronnement pontifical auront été décernés à l'illustre Madone de Quézac, tous les projets pour lesquels, dans son mémorable voyage de 1858, Mgr Foulquier, de sainte mémoire, sollicita la bénédiction et l'approbation de S. S. Pie IX, auront reçu leur accomplissement.

Les couronnements de trois Madones lozériennes: Notre-Dame de la Carce, Notre-Dame de Mende, Notre-Dame de Tout-Pouvoir, ont montré, dans le le dernier quart du XIXe siècle, combien splendides savait les faire la piété populaire et, combien celle-ci estimait le prix des couronnes déposées par une main aussi qualifiée que celle des Souverains Pontifes (3). Les grâces et l'éclat d'un semblable cou-

-----

(1) Mgr Costes succéda à Mgr Saivet en 1876 et eut pour successeur, en 1889, Mgr Baptifolier qui fut évêque de Mende jusqu'en 1900, année de sa mort.

(2) 15 mille francs seraient encore nécessaires pour achever cette belle œuvre. Des quêtes se font, chaque année, dans les paroisses, pour permettre de la mener à bonne fin. Puissent quelques généreuses offrandes hâter ce moment!

(3) Le Bref autorisant le couronnement de Notre-Dame de la Carce est du 4 décembre 1874 (archives de la cure de Marvejols). La cérémonie eut lieu le 15 août 1875, par les mains de Mgr Saivet, évêque du diocèse, en présence de Mgr Lionnet, archevêque d'Albi, de Mgr l'Evêque de Cahors.

ronnement en faveur de Nôtre-Dame de Quézac seront-ils pour les protestants de nos Cévennes l'ébranlement salutaire désiré? La toute puissante intercession de l'illustre Madone du Tarn pourrait faire qu'ils le deviennent.

Quoiqu'il en soit, ce couronnement sera pour toute la contrée, selon la gracieuse parole de S. S. Pie IX à l'Evêque de Mende, « un anneau de plus à la chaîne qui unit » la foi des générations présentes à la foi vive des siècles qui ont précédé.

---

de Mgr Bourret, évêque de Rodez, qui prononça le discours (*Semaine Religieuse* du diocèse).

Le Bref accordant le couronnement de Notre-Dame de Mende est du 18 décembre 1893. Il fut accompli, au nom du Pape, par Mgr Baptifolier, évêque de Mende. Etaient présents : le cardinal Bourret, évêque de Rodez, qui prononça encore le discours, Mgr Bonnet, évêque de Viviers, Mgr Pagis, évêque de Verdun, Mgr Lamouroux, évêque de Saint-Flour, R. P. Dom Martin, abbé de la Trappe de N.-D. des Neiges (Arch. de l'Evêché, *Semaine Religieuse*).

Le Bref du couronnement de Notre-Dame de Tout-Pouvoir, à Langogne, est du 16 juillet 1899. La cérémonie se fit le 29 juillet 1900 par les mains de Mgr Bonnet, évêque de Viviers, originaire de Langogne. Y assistaient : Mgr Baptifolier, évêque de Mende, Mgr de Cabrières, évêque de Montpellier, Mgr Béguinot, évêque de Nîmes, Mgr Guillois, évêque du Puy, Mgr Enard, évêque de Cahors l'orateur de la fête, les RR. PP. dom Martin, dom Benoît, dom Marie, abbés mitrés de l'ordre de Cîteaux, le R. P. Pie, de Langogne, capucin. (*Semaine Religieuse* du diocèse, Opusc. sur le couronnement de Notre-Dame de Tout-Pouvoir).

NEUVAINE DE PRIÈRES A LA T. S. VIERGE

pour se préparer à ses fêtes et à ses pèlerinages

LE MATIN

Petite couronne des douze privilèges de la Bienheureuse Vierge Marie (1)

I. — En commençant, réciter cette prière : *Daignez, ô Vierge Sainte, m'obtenir la grâce de vous louer dignement, et donnez-moi la force pour combattre vos ennemis.*

Dire, en latin et en français, le *Credo*, le *Pater noster*, le *Gloria Patri...*, suivi de cette invocation : *Fille bien-aimée du Père, priez pour nous.* — Puis, quatre *Ave Maria*, en méditant et honorant ces quatre premiers privilèges: — 1. La prédestination éternelle de la très Sainte Vierge dans la pensée du Père. — 2. Sa Conception préservée de la souillure originelle. — 3. La perfection de sa correspondance à la grâce. — 4. La sainteté sans égale de sa vie exempte de la moindre imperfection.

II. — *Pater noster.* — *Gloria Patri.* — Suivi de l'invocation *Mère immaculée du Fils, priez pour nous...* et quatre *Ave Maria* sur ces quatre autres privilèges: — 5. L'Incarnation miraculeuse du Verbe dans le chaste

---

(1) Cette petite couronne se récite chaque jour de la Neuvaine que font ordinairement les âmes dévouées à Marie, pour se préparer à ses fêtes. Elle a été composée par S. André Avellino en l'honneur des douze privilèges de la Sainte Mère de Dieu. Il la récitait lui-même tous les jours ; et, pendant qu'il la récitait, il voyait un ange offrir chaque *Ave Maria* à la Sainte Vierge, qui en paraissait grandement glorifiée et heureuse.

Cette pieuse couronne fut propagée dans toute l'Italie et dans la Dalmatie par le V. don François Teatino, et en France, par le B. Grignon de Montfort, le grand apôtre de la Vendée et de la Bretagne.

sein de Marie. — 6. L'enfantement sans douleur de cette très-pure Mère. — 7. Sa virginité à la fois intacte et féconde. — 8. Sa participation sans égale aux douleurs de son Fils.

III. — *Pater noster*. — *Gloria Patri*. — Suivi de l'invocation : *Epouse fidèle du Saint-Esprit, priez pour nous...* et quatre *Ave Maria,* sur ces quatre derniers privilèges : — 9. Les lumières et les joies de cette sainte Mère à la Résurrection et à l'Ascension de Notre-Seigneur. — 10. Son Assomption en corps et en âme après sa mort bienheureuse. — 11. Sa gloire dans le ciel... — 12. Sa toute-puissance d'intercession.

On terminera par le *Sub tuum præsidium*, en pensant que *Marie* est aussi *notre Mère*.

LE SOIR

On récite le *chapelet* en méditant sur les mystères.

Après le chapelet, on récite *trois fois* les deux invocations suivantes :

1° *Bénie soit la Sainte et Immaculée Conception de la Bienheureuse Vierge Marie.*

2° *O Marie, conçue sans péché, priez pour nous qui avons recours à vous.*

ORAISON. — Vous êtes toute belle, ô Marie, et la tâche originelle n'est point en vous. Vous êtes la gloire de Jérusalem, la joie d'Israël, l'honneur de votre peuple. Vous êtes la Vierge clémente, l'Avocate des pécheurs, la Mère de Miséricorde, l'Espérance des affligés, la Santé des malades, le Secours des chrétiens. Daignez vous attendrir sur nos misères et priez pour nous votre divin Fils, Notre-Seigneur Jésus-Christ, pour qu'il nous préserve du péché et nous fasse arriver à la vie éternelle. Ainsi-soit-il.

On termine par le *Souvenez-vous*.

N.-B. — Réciter ces prières tous les jours de la neuvaine.

PRATIQUES DE DÉVOTION

ENVERS

Notre-Dame de Quézac

Les pratiques de dévotion envers Notre-Dame de Quézac, suivies dans les siècles passés et encore en usage, sont les suivantes :

1º Messes en l'honneur de Notre-Dame de Quézac.

2º Neuvaines de messes.

3º Pèlerinages au sanctuaire. — S'y préparer par une neuvaine de prières et d'actes de vertu. — Se confesser et faire la sainte Communion.

4º Dons pour l'église. — Offrande de cierges.

5º Pour les malades, on prie Notre-Dame de Quézac, on fait célébrer des messes dans son sanctuaire, on se sert de l'huile des lampes qui brûlent devant son autel, des linges qui ont touché la statue.

N.B. Les personnes, qui sont l'objet de guérisons signalées, doivent, pour la gloire de la Très Sainte Vierge, en prévenir le curé de la paroisse.

TABLE DES MATIÈRES

Mende, impr. C. PAUC, rue d'Aiguespasses

www.ingramcontent.com/pod-product-compliance
Ingram Content Group UK Ltd.
Pitfield, Milton Keynes, MK11 3LW, UK
UKHW021517090726
13657UKWII00001D/295